AF502111

# COURS ÉLÉMENTAIRE

DE

# DROIT CIVIL.

# COURS ÉLÉMENTAIRE

DE

# DROIT CIVIL.

PAR G. V. VASSELIN,

ANCIEN DOCTEUR EN DROIT DE LA FACULTÉ DE PARIS ;

ET LE C. GUYNEMER,

Commissaire du gouvernement près le tribunal de première instance à Liège.



PRIX : 2 fr. 50 cent.

A PARIS,

DE L'IMPRIMERIE DE BRASSEUR.

AN X. — 1801.

# COURS ÉLÉMENTAIRE
## DE
# DROIT CIVIL.

## *SIXIÈME CAHIER.*

## PREMIÈRE LEÇON.

## DES QUASI-CONTRATS.

### PARAGRAPHE PREMIER.

*Des quasi-contrats en général.*

On appelle quasi-contrat le fait d'une personne permis par la loi, qui l'oblige envers une autre, ou oblige une autre personne envers elle, sans qu'il intervienne aucune convention entre elles.

Dans les contrats, c'est le consentement des parties contractantes qui produit l'obligation. Dans les quasi-contrats, il n'intervient aucun consentement; c'est la loi seule ou l'équité naturelle qui produit l'obligation, en rendant obligatoire le fait d'où elle résulte.

C'est pour cela que ces faits sont appelés quasi-contrats, parce que, sans être des contrats, et encore moins des délits, ils produisent les mêmes obligations que les contrats.

Toutes personnes, même les enfans et les insensés, qui ne sont pas capables de consentement, peuvent, par le quasi-contrat qui résulte du fait d'un autre, être obligées envers lui et l'obliger envers elles : car ce n'est pas le consentement qui forme ces obligations, et elles se contractent par le fait d'un autre, sans aucnn fait de notre part. L'usage de la raison est, à la vérité, requis dans la personne dont le fait forme le quasi-contrat; mais il n'est pas requis dans les personnes par qui ou envers qui les obligations qui résultent de ce fait sont contractées.

Par exemple : si quelqu'un a géré les affaires d'un enfant ou d'un insensé, cette gestion, qui est un quasi-contrat, oblige cet enfant ou cet insensé à tenir compte à celui qui a géré ses affaires, de ce qu'il a utilement dépensé, et elle oblige réciproquement envers lui celui qui a géré ses affaires à rendre compte de sa gestion.

Il en est de même des femmes qui sont sous puissance de mari : elles peuvent de cette manière être obligées envers les autres, et obliger les autres envers elles, sans être autorisées de leurs maris : car la loi qui leur défend de s'obliger, ni de rien faire qu'avec l'autorisation de leurs maris, n'annulle que ce qu'elles feraient non autorisées, et non les obligations qui sont formées sans aucun fait de leur part.

Si je voulais entrer dans le détail de tous les quasi-contrats, la liste serait infinie. Il en est qui ont à peine un nom; il en est d'autres dont je parlerai sous d'autres titres avec plus de détails : tels sont l'administration de la tutelle, et l'adition d'hérédité. Je m'arrêterai donc aux quatre principaux : la gestion des affaires d'autrui, le *promutuum*, la quasi-communauté, le voisinage.

## § I I.

### *Du quasi-contrat de la gestion des affaires d'autrui.*

La gestion des affaires d'autrui est un quasi-contrat par lequel celui qui a géré les affaires d'un autre, sans son ordre et à son insu, l'oblige à l'indemniser de tout ce qu'il a dépensé utilement, et s'oblige de son côté à rendre compte de sa gestion.

Trois conditions sont requises pour former ce quasi-contrat : 1°. qu'il y ait une affaire dont la gestion en soit la matière; 2°. que celui qui l'a gérée, l'ait gérée sans l'ordre et à l'insu de celui à qui l'affaire appartient; 3°. que celui qui l'a gérée ait eu l'intention de faire l'affaire de celui qu'elle concernait, et de se faire rembourser de ses impenses.

#### 1°. *Qu'il y ait une affaire dont la gestion soit la matière de ce quasi-contrat.*

Il serait ridicule de vouloir prouver qu'il doit y avoir une affaire qui soit gérée, et que ce doit être celle d'un autre que le *negotiorum gestorum*.

Mais l'affaire que j'ai faite pour vous peut fort bien ne vous concerner que pour partie, et être la mienne pour le surplus. Nous sommes alors obligés l'un envers l'autre, proportionnellement à l'intérêt que nous avons dans l'affaire.

Il n'est pas non plus nécessaire que ce soit votre propre affaire que j'ai faite, il suffit que vous en fussiez chargé, et que vous eussiez intérêt qu'elle fût faite.

Il peut même arriver que l'affaire que j'ai cru faire pour vous ne vous concernât aucunement lorsque je l'ai gérée; mais si, depuis, vous avez approuvé ma gestion, cette approbation rend cette affaire votre propre affaire, et forme entre nous des obligations respectives. Par exemple: si, sans votre ordre et à votre insu, j'ai reçu pour vous une somme d'une personne qui croyait vous la devoir, et ne vous la devait pas, ou la devait à une autre, quoique ce paiement ne vous concerne pas, si vous l'avez ratifié, il forme entre nous le quasi-contrat *negotiorum gestorum;* parce qu'au moyen de cette ratification, ce paiement que j'ai reçu pour vous est devenu votre propre affaire, suivant la règle de droit *ratificatio mandato comparatur.*

Il en est autrement si l'affaire que j'ai faite en votre considération est de nature à ne pas pouvoir devenir votre propre affaire par votre ratification : si, par exemple, j'ai fait étayer une maison que je croyais vous appartenir, et qui appartenait à un autre, votre ratification ne formerait pas entre vous et moi un quasi-contrat, parce que l'affaire que j'ai faite ne vous fait rien acquérir, ni contracter aucune obligation, au lieu que, dans l'espèce que je viens de proposer, vous acquérez le montant du paiement que j'ai reçu, et vous contractez l'obligation de le rendre à celui à qui il était dû, ou à celui qui l'a payé.

Cependant, la ratification n'est nécessaire, pour former le quasi-contrat *negotiorum gestorum*, que dans le cas de l'erreur dont nous venons de parler, ou dans le cas d'une affaire qui n'était pas indispensable. Dans tout autre cas, l'obligation du quasi-contrat a lieu sans ratification, puisque l'impubère, le fou interdit, la femme sans l'autorisation de son mari, et même une succession vacante, contractent des obligations résultantes du fait de celui qui, sans mandat, a géré des affaires qui les concernent ou qui en dépendent.

2°. *Que celui qui l'a gérée l'ait fait sans l'ordre et à l'insu de celui à qui l'affaire appartient.*

Si celui qui a géré une affaire pour quelqu'un l'avait fait par son ordre, ce ne serait plus le quasi-contrat *negotiorum gestorum*; mais le contrat de mandat qui serait intervenu entre eux, lors même qu'il aurait cru avoir reçu un ordre de lui. Par cette raison, lorsque le mandataire a excédé les bornes du mandat qu'il a reçu, sa gestion forme un quasi-contrat *negotiorum gestorum*, pour ce qu'il a fait au-delà des bornes du mandat. C'est ce qu'enseigne Papinien dans la loi ; 32 *ff* H. T.

Pour qu'il y ait lieu au quasi-contrat *negotiorum gestorum*, et non au mandat, il ne suffit pas qu'une affaire ait été faite sans l'ordre de celui à qui elle appartient, il faut encore qu'elle l'ait été à son insu ; car s'il en a eu connaissance, et qu'il ne l'ait pas empêchée, il est censé y avoir consenti, et il en résulte l'action du mandat.

Si, malgré la défense formelle de celui que l'affaire concerne, vous l'avez faite, suivant la rigueur des lois romaines, l'action *negotiorum gestorum* n'aurait lieu que contre vous ; mais vous n'auriez pas l'action contraire contre lui pour répéter vos impenses. Cependant l'équité, que nous suivons plus particulièrement dans notre jurisprudence, veut que vous ayez une action contre celui dont vous avez fait l'affaire, jusqu'à la concurrence du profit qu'il en a retiré ; car l'équité naturelle ne permet pas que quelqu'un s'enrichisse aux dépens d'autrui.

3°. *Il faut que celui qui a géré l'affaire d'un autre ait eu l'intention de faire l'affaire de celui qu'elle concernait, et de répéter de lui ses impenses.*

A ne considérer que la rigueur du droit, le quasi-contrat *negotiorum gestorum* est par conséquent l'obligation et les actions qui en résultent ne peuvent avoir lieu qu'autant que celui qui a fait l'affaire d'un autre a eu l'intention de faire l'affaire de cette personne, et a eu la volonté formelle de répéter d'elle les frais de sa gestion.

Il suit de ce principe, 1°. que celui qui, croiyant faire sa propre affaire, a fait celle d'un autre, n'a point l'action *negotiorum gestorum* pour répéter ses impenses; 2°. que celui qui a fait les affaires d'une personne à son insu, mais dans la vue de l'obliger et de la gratifier, n'a aucune action pour répéter les frais de sa gestion, parce que ce n'est point ici un quasi-contrat *negotiorum gestorum*, mais une donation.

Pour l'entier développement de ces conséquences, il convient de distinguer différens cas auxquels s'en fera l'application.

1°. Lorsque celui qui a fait l'affaire d'un autre a eu l'intention de faire l'affaire de cette personne, et de répéter d'elle les frais de sa gestion, il n'y a pas de doute qu'il y a lieu au quasi-contrat *negotiorum gestorum*, c'est même le véritable cas de ce quasi-contrat.

2°. Lorsque je fais votre affaire croyant ne faire que la mienne, dans ce cas, cette gestion ne forme pas entre nous le quasi-contrat *negotiorum gestorum*, et, suivant la rigueur du droit, je n'ai point contre vous l'action contraire *negotiorum gestorum* pour me faire rembourser de mes frais, quoique vous en ayez profité; mais l'équité, qui ne permet pas qu'on s'enrichisse aux dépens d'autrui, m'accorde une action contre vous pour me faire rembourser des frais de ma gestion, jusqu'à concurrence de ce que vous en avez profité, *in id quo locupletior factus es*. C'est cette règle d'équité, que nous suivons dans notre jurisprudence, qui n'admet pas les subtilités du droit romain.

Cette action diffère de l'action contraire *negotiorum gestorum* en ce que celle-ci a pour objet le remboursement de tout ce qu'il en a coûté à celui qui a fait les affaires d'un autre, pour la gestion qu'il a faite utilement, quand même, par la suite, cette utilité n'existerait plus; au lieu que l'action d'équité n'a lieu qu'autant que celui dont on a fait les affaires en a retiré du profit.

3°. Lorsque j'ai fait votre affaire croyant faire celle de Pierre, dans la rigueur du droit, je n'ai d'action ni contre Pierre, que cette affaire ne concernait pas, ni contre vous, puisque je n'ai pas eu en vue de faire votre affaire; mais l'équité veut, comme dans le cas précédent, que j'aie une action contre vous pour répéter mes impenses, jusqu'à concurrence du profit que vous en avez retiré, avec d'autant plus de raison, que, si je n'ai pas eu l'intention formelle de gérer pour vous personnellement, j'ai eu celle de faire l'affaire de celui qu'elle concernait, et par conséquent de l'obliger au remboursement de mes impenses.

4°. Lorsque j'ai fait une affaire qui concernait plusieurs personnes, n'ayant en vue en la faisant que de faire l'affaire de l'une d'elles, dans ce cas, selon la subtilité du droit, je n'ai d'action que contre la personne dont j'ai l'intention de faire l'affaire; mais l'équité me donne une action contre les autres qui en profitent, suivant ce principe que personne ne doit s'enrichir aux dépens d'autrui.

5°. Lorsque j'ai fait les affaires d'une personne à son insu, dans la seule vue de l'obliger et de la gratifier, je n'ai dans ce cas aucune action pour répéter les frais de ma gestion, les ayant faits sans intention de les répéter : mais il est fort difficile de savoir quand cette intention est présumée ; notre jurisprudence même admet plus difficilement cette présomption que le droit romain. Il faut, pour l'établir, considérer l'état, la qualité, la fortune respectifs des parties, leur degré de parenté, leurs liaisons entre elles, et la réunion de différentes circonstances.

## § III.

### *Des obligations que forme le quasi-contrat* négotiorum gestorum.

Ce quasi-contrat forme entre le *negotiorum gestor* et celui dont il a fait l'affaire des obligations réciproques, semblables à celles que forme le contrat de mandat entre le mandant et le mandataire.

### *De l'obligation du* negotiorum gestor.

Le *negotiorum gestor* contracte envers celui dont il a géré les affaires l'obligation de lui en rendre compte, et de lui remettre tout ce qui lui est parvenu de sa gestion. L'obligation du *negotiorum gestor* ressemble à celle du mandataire : il est, ainsi que lui, obligé, 1°. à faire toute l'affaire dont il s'est chargé; 2°. à y apporter le soin qu'elle exige; 3°. à en rendre compte. On peut faire, à l'égard du *negotiorum gestor*, la même distinction qu'à l'égard du mandataire ou procureur. Ou le *negotiorum gestor* s'est porté pour gérer une seule affaire d'une personne, ou il s'est porté pour faire en général toutes les affaires de cette personne : dans le premier cas, il est assimilé au procureur spécial, et dans le second, au procureur ou mandataire général.

S'il ne s'est chargé que d'une affaire, il n'est tenu que de celle qu'il a bien voulu faire; mais il doit la faire en entier. Si, au contraire, il s'est porté pour faire en général toutes vos affaires, il devient responsable de celles qu'il n'a pas faites, puisque, par-là, il a empêché que d'autres ne s'en chargeassent, et ne fissent des affaires qui eussent été faites si on ne s'en fût pas reposé sur lui.

La seconde obligation du *negotiorum gestor* est d'apporter aux affaires dont il s'est chargé tout le soin qu'elles exigent, c'est-à-dire tout le soin qu'un mandataire est tenu d'apporter à sa gestion. Il est tenu *de levi culpâ*, et, comme disent les jurisconsultes romains, *aliquando etiam de levissimâ culpâ*. Il répond de la faute même la plus légère, lorsqu'en s'ingérant à la gestion d'une affaire, il a empêché qu'elle ne fût faite par une personne plus capable que lui, puisque, par-là, il a porté préjudice à celui dont il a géré les affaires.

Il peut même arriver que le *negotiorum gestor* soit tenu des cas fortuits. Si, par exemple, il a fait pour moi, et en mon nom, un commerce que je n'avais pas coutume de faire, et qu'il en soit résulté des pertes, je pourrai les lui laisser pour son compte, quoiqu'elles soient survenues par cas fortuit.

Au contraire, le *negotiorum gestor* n'est pas tenu des fautes qu'il a commises par imprudence ou par impéritie, mais seulement d'apporter la boune foi à sa gestion, si, quoique peu habile et peu intelligent dans les affaires, il a entrepris la gestion de celles d'un absent, qui étaient abandonnées, et qui auraient péri entièrement s'il ne s'en était pas chargé; par exemple, si, en mon absence, il a fait ma moisson, ou mes vendanges, qui auraient été totalement perdues pour moi s'il ne s'en était pas chargé.

La troisième et dernière obligation du *negotiorum gestor*, ainsi que du mandataire, est de rendre compte à celui dont il a géré les affaires de tout ce qui lui est parvenu de sa gestion et de tout ce qu'il a reçu pour lui.

### *De l'obligation que contracte celui dont on a fait les affaires envers celui qui les a faites.*

Celui on dont a fait utilement quelque affaire sans son ordre et à son insu, contracte envers celui qui l'a faite l'obligation de le rembourser et de l'indemniser de ce qu'il lui en a coûté pour la faire.

Pour que cette obligation ait lieu, il faut que celui pour qui on a fait une affaire l'ait approuvée depuis, ou que ce fût une affaire indispensable, et qu'il n'eût pas manqué de faire par lui-même s'il eût été à portée. Dans l'un et l'autre cas, il suffit, pour qu'il soit tenu des frais de la gestion, que l'affaire ait été faite utilement, quoique cette utilité ait été détruite depuis par quelque accident de force majeure. Par exemple : si en mon absence vous avez fait pour moi des réparations urgentes à ma maison, quoiqu'elle ait été depuis incendiée par le feu du ciel, et qu'ainsi je n'aie pas profité de ces réparations, je n'en demeurerai pas moins obligé à vous en rembourser les frais.

## § IV.

### *De l'action qui naît du quasi-contrat* negotiorum gestorum.

Des obligations de ce quasi-contrat, naît une double action ; l'action *negotiorum gestorum directa*, par laquelle le *negotiorum gestor* est tenu de rendre compte de sa gestion à celui dont il a géré l'affaire, et l'action *negotiorum gestorum contraria*, qui appartient au *negotiorum gestor*, contre celui dont il a fait les affaires, pour se faire rembourser des frais de sa gestion.

L'action *negotiorum gestorum contraria* a deux objets :

Le premier est le remboursement des sommes que le *negotiorum gestor* a été obligé de débourser pour sa gestion.

Le second est la décharge que le *negotiorum gestor* a droit de demander des obligations qu'il a contractées pour sa gestion : par exemple, s'il a été obligé d'emprunter des fonds en son propre nom pour des réparations ou autres objets de sa gestion.

Il faut, pour qu'il puisse intenter cette action contre celui dont il a fait les affaires, qu'il lui présente un compte détaillé de sa gestion, appuyé de pièces justificatives.

---

# SECONDE LEÇON.

## *Du quasi-contrat appelé* promutuum.

### PARAGRAPHE PREMIER.

*Qu'est-ce que le quasi-contrat* promutuum ?

Le *promutuum* est un quasi-contrat par lequel celui qui reçoit une somme d'argent, ou une certaine quantité de choses fungibles qui lui a été payée par erreur, contracte envers celui qui la lui a payée l'obligation de lui en rendre autant.

Ce quasi-contrat s'appelle *promutuum* à cause des rapports qu'il a avec le contrat *mutuum*, que nous appelons prêt de consomption.

## § II.

*Des rapports et de la différence qui se trouvent entre le* promutuum *et le* mutuum *ou prêt de consomption.*

Le quasi-contrat *promutuum* ressemble au prêt de consomption en ce que, 1°. il faut pour l'un et pour l'autre la tradition d'une certaine somme, ou d'une certaine quantité de choses fungibles.

2°. Il faut dans le *promutuum*, comme dans le prêt de consomption, que la propriété de la somme ou des choses fungibles ait été transférée à celui qui les a reçues : si donc une somme d'argent, ou une quantité vous a été payée, sans être dûe, par celui qui n'en était pas propriétaire, vous n'êtes point tenu de l'obligation de ce quasi-contrat, à moins que vous ne l'ayez consommée de bonne foi, croyant qu'elle vous avait été livrée par le véritablepropriétaire ; de même que l'emprunteur n'est tenu de l'obligation envers le prêteur qu'autant que ce dernier était propriétaire de la somme oude la quantité qu'il lui a été livrée à titre de prêt, ou qu'il l'a consommée de bonne foi, croyant l'avoir reçue du véritable propriétaire : mais, dans l'un et l'autre cas, celui qui a reçu une somme ou une quantité de celui qui n'avait pas droit de l'aliéner, est sujet à la revendication des espèces ou des choses fungibles de la part de ceux à qui elles appartiennent, si elles ne sont pas consommées.

3°. De même que, dans le *promutuum*, l'emprunteur est obligé envers le prêteur à lui rendre une somme, ou quantité pareille à celle qu'il a reçue de lui; de même, par le *promutuum*, celui qui a reçu par erreur le paiement d'une somme, ou d'une certaine quantité qui ne lui était pas dûe, est obligé envers celui qui la lui a payée à lui rendre une pareille somme ou une pareille quantité.

Le *promutuum* diffère du *mutuum* ou prêt de consomption, en ce que ce dernier est un contrat qui produit une obligation par le consentement des parties, au lieu que le *promutuum* est un quasi-contrat qui produit l'obligation, sans qu'il intervienne, pour la former, aucun consentement des parties.

## § III.

### *De l'obligation qui naît du* promutuum, *et de l'action qui en résulte.*

Le *promutuum*, comme nous venons de le voir, produit une obligation par laquelle celui qui a reçu le paiement d'une somme ou d'une quantité qui ne lui était pas due, est obligé envers celui qui lui a fait ce paiement à lui rendre une pareille somme ou une pareille quantité.

L'action qui naît de cette obligation s'appelle *condictio indebiti*, qui veut dire *répétition d'une chose qui n'était pas dûe*. Elle est fondée sur la règle de droit, qui ne permet pas que quelqu'un s'enrichisse aux dépens d'autrui.

## § IV.

### *Que faut-il pour qu'il y ait lieu à l'action* condictio indebiti?

Pour qu'il y ait lieu à l'action *condictio indebiti*, il faut, 1°. que ce qui est payé ne soit pas dû ; 2°. qu'il n'y ait eu aucun sujet réel de payer ; 3°. que le paiement ait été fait par erreur.

#### 1°. *Que ce qui est payé ne soit pas dû.*

Il faut, pour que cette action ait lieu, que la somme qui a été payée ne soit dûe ni civilement ni naturellement ; car l'obligation naturelle exclut la répétition de ce qui a été payé. Par exemple : si un pupille a emprunté de l'argent sans l'autorité de son tuteur, et que, parvenu à la puberté, ou à la majorité, il paie cette somme, il ne peut pas la répéter, quoique son obligation fût nulle civilement, parce que cette somme était dûe naturellement, et que l'équité ne permet pas qu'il s'enrichisse aux dépens de son créancier. Il en est de même d'une femme devenue veuve, ou de son héritier; qui paierait une dette qu'elle aurait contractée étant en pouvoir de mari, mais sans son autorisation.

L'action *condictio indebiti* peut s'exercer contre celui qui a reçu, toutes les fois que la chose qu'on a payée n'était pas dûe, non-seulement lorsqu'il n'a jamais existé aucun titre de la dette qu'on croit acquittée, mais aussi lorsque le titre est nul : par exemple si j'ai délivré un legs en vertu d'un testament, ignorant qu'il avait été abrogé par un testament postérieur.

Cette action a lieu non-seulement lorsque la chose n'est pas dûe, mais lorsque la dette pouvait être annullée par une exception péremptoire, telle que celle de dol ou de violence, pourvu que l'exception péremptoire ne laisse pas subsister une obligation naturelle : telle est la prescription que j'ai acquise contre une dette dont je suis véritablement débiteur, parce que l'obligation naturelle subsiste toujours.

Il est beaucoup d'autres cas où la répétition peut s'exercer, comme lorsqu'on a payé plus qu'il n'était dû, lorsque j'ai payé par erreur ce qui avait été dû, mais qui avait cessé de l'être par une solution quelconque; lorsque j'ai payé une dette avant l'accomplissement d'une condition, parce que ce qui est dû sous condition n'est pas encore dû; lorsque j'ai payé à un autre qu'au véritable créancier, ou lorsque j'ai payé la dette d'un autre croyant payer la mienne; enfin, lorsque j'ai payé autre chose que celle qui est dûe : par exemple, du froment pour du seigle, du vin de Bordeaux pour du vin de Brie ou de Surène.

2°. *Qu'il n'y ait eu aucun sujet réel de payer la chose.*

Pour exclure la répétition de ce qui a été payé, il suffit qu'il y ait eu un sujet probable de payer la chose, telle qu'une obligation naturelle dont nous avons parlé, une transaction en vertu de laquelle je vous aurais payé une partie d'une somme que vous exigiez, quoiqu'elle ne vous fût pas dûe, parce que, par cette transaction, j'ai voulu terminer ou éviter une contestation que j'aurais eue avec vous, et que ce n'est point par erreur que j'ai payé.

3°. *Que la chose qui a été payée sans être dûe l'ait été par erreur.*

Si, lors du paiement que j'ai fait d'une chose, je savais ne pas la devoir, je n'en ai aucune répétition : c'est une pure libéralité que je suis censé avoir faite. Ce paiement renferme une donation entre vifs, qui reçoit sa perfection par la tradition réelle.

Pour que je puisse exercer la répétition, il faut que j'aie payé par erreur de fait une chose qui n'était pas dûe, et non par erreur de droit : car on n'est jamais admis à alléguer une ignorance de droit.

## § V.

*Qui sont ceux qui ont l'action* condictio indebiti, *et contre qui se donne cette action.*

Cette action appartient à celui qui a payé par erreur une chose qui n'était pas dûe, soit qu'il l'ait payée par lui-même, soit qu'un autre l'ait payée pour lui. Si donc un tuteur a payé pour son pupille, et un mandataire pour son commettant, une somme ou une chose que ni l'un ni l'autre ne devaient, ni le tuteur ni le mandataire n'auront l'action *condictio indebiti*, quand même ils auraient payé de leurs propres deniers; mais le pupille ou le commettant, parce que ces deux derniers sont censés avoir payé eux-mêmes, par erreur, ce que les autres ont payé en leur nom.

Il en est autrement lorsque quelqu'un a payé, sans mon ordre, une somme que je ne devais pas, et que je désavoue ce paiement: dans ce cas, l'action *condictio indebiti* appartient à celui qui a payé par erreur, et non à moi, parce qu'il ne pourrait rien répéter de moi qui ne lui ai point donné d'ordre, et qui désavoue le paiement.

De même que l'action *condictio indebiti* se donne à celui qui a payé, par erreur, une chose qui n'était pas dûe, soit qu'il l'ait payée par lui-même, soit qu'un autre l'ait payée pour lui; de même elle se donne contre celui à qui le paiement a été fait, soit qu'il l'ait été à lui-même, soit qu'il ait été fait, de son ordre, à un autre, ou qu'il l'ait ratifié. Mais si je désavoue le paiement d'une somme qui n'était pas dûe, et que vous avez reçue pour moi et en mon nom, ce n'est pas contre moi que l'action se donne, mais contre vous qui avez reçu sans mon ordre, lors même que vous auriez de moi une procuration générale; car elle renferme bien le pouvoir de recevoir tout ce qui m'est dû, mais non de recevoir ce qui ne m'est pas dû.

## § VI.

### *De l'objet de l'action* condictio indebiti.

Cette action a pour objet la répétition d'une somme ou d'une quantité pareille à celle qui a été payée par erreur, si c'est de l'argent ou une quantité de choses fungibles, et c'est le cas du *promutuum*.

Elle a aussi pour objet la répétition d'une chose certaine, qui ne se consomme pas par l'usage, telle qu'un cheval, un meuble et même un immeuble.

Celui qui, de bonne foi, a reçu une chose certaine qui ne lui était pas dûe, et qui lui a été payée par erreur, est tenu seulement de la rendre telle qu'elle est, et en l'état où elle se trouve au moment où celui qui a payé en exerce la répétition, lors même qu'elle serait détériorée par la négligence de celui qui l'aurait reçue, parce qu'il a pu, sans que personne eût droit de s'en plaindre, négliger une chose qu'il croyait lui appartenir, et n'être pas sujète à restitution, *quia qui quasi rem suam neglexit nulli querelœ subjectus est.*

Ce principe doit s'appliquer à celui auquel on a payé, par erreur, un immeuble qui ne lui était pas dû, et qu'il a reçu de bonne foi. Dans ce cas seulement, il est tenu de rendre, à celui qui le lui a payé par erreur, les fruits qu'il a perçus de l'immeuble, déduction faite des frais qu'il a faits pour l'entretien et les réparations de la chose, parce qu'il ne doit pas s'enrichir aux dépens de celui qui la lui a payée par erreur.

Nous ne nous étendrons pas davantage sur cette matière, nous nous contenterons de rapporter ici les dispositions du projet de Code Civil sur cet objet :

« Celui qui reçoit ce qui ne lui est pas dû, soit qu'il le fasse par erreur ou sciemment, s'oblige à le restituer à celui de qui il l'a indûment reçu.

« Celui qui a reçu ce qui lui était véritablement dû, mais des mains de celui qui n'en était pas le débiteur, lequel n'a payé que parce qu'il croyait en être le débiteur, est obligé de restituer à celui qui ne lui a fait ce paiement que par erreur.

« L'action en répétition cesse, néanmoins, en ce cas, si le créancier a supprimé son titre par suite du paiement, sauf le recours de celui qui a payé contre le véritable débiteur.

« S'il y a eu mauvaise foi de la part de celui qui a reçu indûment, il est tenu de restituer tant le capital que les intérêts, ou les fruits du jour du paiement.

« Si la chose indûment reçue est un immeuble ou

un meuble corporel, celui qui l'a reçu est tenu de le conserver, et il est même garant de sa perte par cas fortuit, s'il l'a reçu de mauvaise foi.

« Si celui qui a reçu de bonne foi a vendu la chose, il ne doit restituer que le prix de la vente.

« Celui auquel la chose est restituée doit tenir compte, même au possesseur de mauvaise foi, de toutes les dépenses nécessaires et utiles qui ont été faites pour la conservation de la chose. »

---

# TROISIÈME LEÇON.

## DE LA QUASI-COMMUNAUTÉ.

### PARAGRAPHE PREMIER.

La quasi-communauté est un quasi-contrat par lequel deux ou plusieurs personnes se trouvent associées pour une universalité de choses, ou pour des choses particulières, sans qu'il y ait entre elles aucun contrat de société, ni aucune autre convention.

Cette définition amène naturellement la division de la quasi-communauté en générale, ou universelle et particulière.

La quasi-communauté universelle est celle qui comprend une universalité de biens, telle que celle des biens d'une succession échue à plusieurs héritiers.

La quasi-communauté particulière est celle qui est

composée de choses particulières acquises à plusieurs personnes à titre singulier, comme de choses léguées conjointement à plusieurs légataires.

La quasi-communauté diffère de la société en ce que la société est un contrat qui ne peut se former que par la volonté et le consentement des parties, au lieu que la quasi-communauté est un quasi-contrat qui se forme sans qu'il intervienne aucun consentement des parties; mais elle a de grands rapports avec la société.

Ces rapports concernent, 1°. le droit des quasi-associés à l'égard des choses qui sont communes entre eux, et la manière dont ils sont tenus des dettes de cette espèce de communauté; 2°. les obligations respectives qu'elle forme entre les quasi-associés; 3°. enfin le partage qui doit en être fait.

## § II.

### *Du droit des quasi-associés dans les choses communes entre eux, et comment ils sont tenus des dettes.*

Les droits des quasi-associés dans les choses qui leur sont communes sont les mêmes que ceux des associés dans les choses qui composent la société.

Il suit de ce principe, 1°. que chacun des quasi-associés peut se servir des choses appartenantes à la quasi-communauté, pourvu qu'il les fasse servir aux usages auxquels elles sont destinées, et sans empêcher ses quasi-associés d'en user à leur tour;

2°. Que chacun des quasi-associés a droit d'obliger les autres à faire avec lui les impenses nécessaires pour la conservation des choses dépendantes de la quasi-communauté ;

3°. Qu'un quasi-associé ne peut faire aucun changement ni innovation sur les biens dépendans de la quasi-communauté, sans le consentement des autres quasi-associés ;

4°. Qu'un quasi-associé ne peut ni aliéner ni engager les choses dépendantes de la quasi-communauté, si ce n'est pour la part qu'il y a personnellement.

Chacun des quasi-associés, lorsque c'est une universalité de biens qui est commune entre eux, est tenu des dettes de cette quasi-communauté pour la part qu'il a dans cette universalité de biens : par exemple, plusieurs héritiers et plusieurs légataires universels de la même succession.

Cependant, l'unique héritier du défunt, qui se trouve être en communauté avec le légataire universel de la moitié des biens de la succession, est tenu pour le total des dettes de la succession, sauf son recours, pour la moitié, contre le légataire universel.

La raison en est que l'héritier est tenu des dettes de la succession en deux qualités, savoir, comme successeur aux biens, dont les dettes sont une charge, et comme successeur à la personne et à tous les droits actifs et passifs du défunt, *in universum jus et causam defuncti* ; en quoi il diffère d'un légataire universel, qui ne succède qu'aux biens, et qui n'est tenu des dettes qu'au prorata des biens qu'il a reçus de la succession.

A l'égard des dettes contractées pour les affaires de la quasi-communauté et durant la quasi-communauté, il faut distinguer si elles l'ont été par un des quasi-associés ou par les quasi-associés ensemble.

Dans le premier cas, le quasi-associé, qui les a contractées, en est tenu seul envers les créanciers, sauf son recours contre ses quasi-associés, lorsqu'elles ont été utilement contractées.

Dans le second cas, si les quasi-associés les ont contractées ensemble, chacun d'eux en est tenu envers les créanciers pour sa portion virile, sauf à se faire raison entre eux de ce que chacun d'eux doit porter de plus ou de moins, eu égard à la part qu'il a dans la quasi-communauté.

Ceci s'entend des dettes personnelles contractées pour les affaires de la quasi-communauté : quant aux charges réelles, chacun des quasi-associés, soit d'une quasi-communauté universelle, soit d'une particulière, est tenu pour la part qu'il a dans les héritages qui composent cette quasi-communauté, si ces charges consistent en quelque chose de divisible ; mais si leur objet est indivisible, comme une servitude prédiale, une hypothèque, une rente foncière, qui sont *jus in fundo, et in qualibet parte fundi*, chacun des quasi-associés est tenu pour le total.

## § III.

*Des obligations respectives des quasi-associés.*

La quasi-communauté forme entre les quasi-associés à peu près les mêmes obligations que le contrat de société forme entre des associés.

Chacun des quasi-associés doit faire raison à ses quasi-associés, pour la part que chacun d'eux a dans la quasi-communauté, de tout ce dont il lui est débiteur : or, il est débiteur à la quasi-communauté de ce qu'il en a tiré : par exemple, un héritier qui a employé à ses affaires particulières des deniers de la succession qui n'a pas encore été partagée, est débiteur de cette somme à la communauté. Un quasi-associé est débiteur à la quasi-communauté de la valeur du dommage qu'il peut avoir causé, par sa faute, soit dans les choses, soit dans les affaires de la communauté, non-seulement par malice, mais même par une faute légère ; mais il n'est pas tenu de la faute la plus légère : en quoi il ressemble à un associé qui n'est pas tenu *de levissimâ culpâ.*

Chacun des quasi-associés est tenu, comme l'associé dans le contrat de société pour la part qu'il a dans la communauté, d'indemniser ceux de ses quasi-associés qui ont déboursé quelque somme, ou contracté quelque obligation pour les affaires de la communauté. Il est tenu également de contribuer, pour sa part, aux réparations qui sont à faire aux choses de la quasi-communauté, à moins qu'il ne voulût abandonner la part qu'il a dans la chose.

## § IV.

*Comment finit la quasi-communauté.*

La quasi-communauté finit de trois manières; par le partage, par la cession ou l'abandon que l'un des quasi-associés ferait de sa part aux autres, et par l'extinction des choses qui sont en communauté.

La quasi-communauté finie, les obligations respectives des quasi-associés ne cessent que lorsqu'ils ont compté ensemble, et qu'ils se sont fait raison réciproquement.

## § V.

*Des actions qui naissent de la quasi-communauté.*

Les actions qui naissent de la quasi-communauté sont l'action *familiœ rei secundœ*, et l'action *communi dividundo*.

La première a lieu entre des cohéritiers; la seconde entre toutes les autres espèces de quasi-associés. Ces deux actions ne diffèrent en rien l'une de l'autre dans nos usages.

Chacun des quasi-associés peut intenter cette action contre ses quasi-associés, à la réserve des mineurs qui ne peuvent pas provoquer le partage des immeubles communs, quoiqu'ils puissent y être provoqués.

On peut appliquer à la quasi-communauté tous les principes qui ont été exposés *( dans le troisième cahier, quinzième leçon )* sur les obligations réciproques des associés, les manières dont se dissout la société, le partage des choses qui sont en société, et l'action *pro socio* qui, cependant, diffère de l'action du partage de la quasi-communauté en ce que l'action *pro socio* est purement personnelle, et que l'autre est mixte. Elle tient de l'action réelle en ce qu'elle tend à réclamer et revendiquer la part qu'a le demandeur dans les choses communes; elle tient de l'action personnelle en ce qu'elle naît des obligations que la quasi-communauté forme entre les quasi-associés.

## PARAGRAPHE PREMIER.

*Des murs mitoyens et autres choses qui sont communes entre voisins.*

Les murs mitoyens, les fossés, les haies, les privés et les cloaques, formant une espèce de communauté entre les voisins, sans qu'il intervienne aucun consentement de leur part, nous croyons devoir nous en occuper en ce moment où nous venons d'exposer les principes du quasi-contrat de communauté.

Nous traiterons premièrement des murs mitoyens.

## § II.

*Quels sont les murs mitoyens et communs.*

Un mur est mitoyen et commun lorsque des voisins l'ont fait construire à frais communs sur les extrémités de leurs héritages respectifs, ou lorsque l'un des voisins l'ayant fait construire à ses frais, l'autre voisin en a acquis de lui la communauté.

Lorsqu'on ignore par qui et aux frais de qui un mur, qui sépare deux héritages voisins, a été construit, et par conséquent s'il est commun ou s'il est propre à un des voisins, il faut examiner si le mur qui sépare ces deux héritages n'est qu'un mur de clôture, et s'il n'y a, ni d'un côté ni de l'autre, aucun bâtiment ou vestige de bâtiment : dans ce cas, le mur est présumé commun.

Si, au contraire, le mur soutien des bâtimens qui ne sont que d'un côté, et que, de l'autre, il n'y ait aucun vestige de bâtiment, le mur n'est présumé appartenir qu'à celui des voisins dont il soutient les bâtimens, la présomption étant que c'est ce voisin qui l'a fait construire pour soutenir son édifice.

Ces principes ne peuvent être appliqués indistinctement qu'à la campagne ; mais dans les villes telle que Paris, où la loi permet à chacun d'obliger son voisin à faire, à frais communs, un mur de clôture, tous murs, même ceux qui n'ont de bâtiment que d'un côté, sont présumés communs jusqu'à la hauteur que la loi du lieu prescrit pour les murs de clôture.

En général, le mur est présumé commun lorsqu'il y a des bâtimens ou des vestiges de bâtiment de chaque côté, jusqu'à la hauteur du bâtiment le moins élevé; le surplus est présumé appartenir au voisin dont les bâtimens sont plus élevés, puisqu'il est censé avoir fait exhausser le mur pour les soutenir. Il est plusieurs autres indices auxquels on peut reconnaître si un mur est mitoyen et commun : tels sont les pierres d'attente, les filets qui doivent être des moulures en pierre et autres. Mais les bornes de ce cours élémentaire ne nous permettent pas d'entrer dans de plus longs détails; tous ces indices sont rapportés dans le projet de Code Civil, livre II, chapitre II, section II, § premier.

## § III.

*Du droit que la communauté du mur mitoyen donne à chacun des voisins, et des obligations qu'elle forme entre eux.*

C'est un principe général que la communauté d'une chose donne à chacun de ceux à qui elle appartient en commun le droit de s'en servir pour les usages auxquels elle est destinée par sa nature.

Il doit en user en bon père de famille, et de manière qu'il ne cause aucun préjudice à ceux avec qui la chose est commune, et n'empêche point l'usage qu'ils doivent pareillement en avoir.

Ce principe doit s'appliquer à la communauté du mur mitoyen.

Les usages d'un mur mitoyen, et l'objet pour lequel on le construit, sont de s'enclore réciproquement, et d'appuyer contre ce mur les bâtimens et édifices qu'on juge à propos d'y construire.

La communauté du mur mitoyen donne, par conséquent, à chacun des voisins, le droit d'y appuyer un bâtiment, et, à cet effet, de le percer pour y placer et asseoir les poutres et autres bois du bâtiment qu'il fait construire.

Il doit, à cet égard, se conformer aux lois locales et aux dispositions des coutumes dans lesquelles les héritages voisins sont situés.

En effet, les coutumes ont limité la faculté de bâtir contre un mur mitoyen, de manière que celui qui bâtit, ne cause aucun préjudice au voisin avec qui le mur est commun.

Par exemple, les coutumes, et notamment celle d'Orléans, article CCXXXII, en permettant à celui qui veut bâtir de percer le mur commun pour y asseoir ses bois en exceptant l'endroit où le voisin a ses cheminées.

Les coutumes défendent à celui qui bâtit contre un mur commun d'asseoir ses solives à l'endroit et contre les solives auparavant mises et assises par son voisin.

Les coutumes, et spécialement celle de Paris, articles CXC et CXCI, prescrivent les précautions à prendre, et les intervalles à observer pour construire contre un mur mitoyen une forge, un four, des privés, des puits, des fosses et cloaques.

La communauté du mur mitoyen forme, entre ceux auxquels il est commun, les mêmes obligations que la communauté des autres choses.

Chacun des voisins est obligé d'apporter à la conservation du mur commun le soin que les pères de famille ont coutume d'apporter à la conservation de ce qui leur appartient. Si donc le mur était dégradé et ruiné par la faute d'un des voisins, l'autre, avec qui le mur est commun, a contre lui une action pour qu'il soit tenu de réparer ou reconstruire le mur à ses dépens.

Lorsque, par vétusté, ou par accident qui ne provient de la faute d'aucun des voisins, le mur a besoin d'être réparé ou reconstruit, chacun des voisins est obligé de contribuer, pour sa part, aux frais de réparation ou reconstruction.

Chacun d'eux a, contre l'autre, l'action *communi dividundo* pour le forcer à payer sa part des frais de réparation ou reconstruction.

Cependant, à la campagne et dans les lieux où la coutume n'oblige pas les voisins à s'enclore d'un mur, le voisin peut se décharger de l'obligation de contribuer à la réparation ou reconstruction du mur mitoyen, en abandonnant sa part de la communauté du mur. Il n'en est pas de même dans les villes telle que Paris, où il y a une loi qui oblige les voisins à construire, à frais communs, un mur de clôture. ( Voyez la coutume de Paris, article CCIX, et le projet de Code Civil au paragraphe cité ci-dessus. )

## § III.

### *Des autres choses qui sont communes entre voisins.*

Les autres choses qui peuvent être communes entre des voisins sont les fossés, les haies, les privés et les cloaques.

### *De la communauté des fossés et des haies.*

Les coutumes ont établi trois règles pour savoir si un fossé qui sépare les héritages de deux voisins leur est commun, ou s'il appartient seulement à l'un d'eux.

La première est que, si le jet qu'on appelle aussi *la douve du fossé* est en entier du côté de l'un des voisins, le fossé est présumé appartenir en total au voisin du côté duquel se trouve le jet.

La seconde est que le fossé est réputé commun lorsque le jet est des deux côtés.

La troisième est que le fossé est réputé commun lorsqu'il n'y a apparence de jet ni d'un côté ni de l'autre.

A l'égard des haies, s'il y a fossé au-delà, la

haie est présumée appartenir à celui du côté duquel elle est plantée; s'il n'y en a pas, elle est présumée commune, si les deux héritages sont de nature à n'avoir pas plus besoin de clôture l'un que l'autre. Dans le cas contraire, la haie est censée appartenir à celui des deux voisins dont l'héritage parait avoir le plus besoin de clôture : par exemple, si son héritage consiste en prés ou en vignes, et que celui de l'autre consiste en terres labourables.

Lorsque les haies et fossés sont communs à deux voisins, chacun d'eux est obligé à l'entretien et aux réparations qui y sont à faire, si mieux il n'aime abandonner son droit de communauté.

### *De la communauté des privés et cloaques.*

La communauté des privés et des cloaques consiste dans l'usage que les voisins en font, et les charges qu'ils ont à supporter soit pour l'entretien, soit pour la vidange.

Chacun des voisins, entre lesquels le privé est commun, doit contribuer à supporter les frais et les incommodités de la vidange, suivant les usages établis, et les coutumes dans lesquelles les héritages voisins sont situés.

On peut abandonner la communauté d'un cloaque ou d'un privé pour se libérer des charges pour l'avenir; mais cet abandon ne décharge pas celui qui le fuit de contribuer aux frais de la vidange qui est à faire lors de l'abandon.

# QUATRIÈME LEÇON.

## DU VOISINAGE.

### PARAGRAPHE PREMIER.

Le voisinage est un quasi-contrat qui forme des obligations réciproques entre les propriétaires ou possesseurs d'héritages contigus les uns aux autres.

La principale obligation est celle qui concerne le bornage des héritages voisins : ce sera le sujet de ce paragraphe. Nous exposerons dans les suivans les autres obligations que forme le voisinage.

Quoique le voisinage ne soit point proprement une communauté, puisque chacun des voisins est propriétaire de son terrein, sans avoir rien de commun dans celui de l'autre, cependant, de même que la communauté oblige ceux entre qui des choses sont communes à les partager lorsque l'un d'eux le demande, de même le voisinage oblige les voisins à borner leurs héritages lorsque l'un d'eux le requiert, pour empêcher les usurpations et les contestations auxquelles le défaut des bornes peut donner lieu.

L'action qui naît de cette obligation est l'action *finium regundorum*, que nous appelons action de bornage, qu'un voisin a contre son voisin pour faire borner leurs héritages contigus.

Cette action est mixte, c'est à dire personnelle est réelle. Elle tient de l'action personnelle en ce qu'elle naît du quasi-contrat que forme le voisinage entre les propriétaires ou possesseurs des héritages voisins ; elle tient aussi de l'action réelle en ce qu'elle renferme une sorte de revendication, puisque, par cette action, le voisin réclame contre l'autre ce qui fait partie de son héritage.

Dans cette action, chacun des voisins est tout à la fois demandeur et défendeur, puisque la partie assignée, comme celle qui assigne pour demander le bornage, réclame ce qui sera déterminé faire ou partie de son héritage.

Elle diffère de l'action *in rem* ou de la revendication, en ce que cette dernière n'appartient qu'au propriétaire contre le possesseur ou quasi-possesseur, au lieu que l'action du bornage se donne aussi au possesseur, et même à l'usufruitier contre le propriétaire possesseur de l'heritage voisin.

Le possesseur n'est point obligé à justifier de son droit pour intenter cette action, et le voisin contre qui elle est intentée n'a pas besoin de le discuter, parce qu'il n'a pas intérêt à savoir si l'autre est propriétaire ou simple possesseur, mais seulement à connaître s'il n'occupe pas une portion de terrein qui lui appartienne.

C'est pour cette raison que l'usufruitier est fondé à intenter l'action de bornage, parce qu'il a droit de percevoir les fruits dans toute l'étendue de l'héritage dont il est usufruitier; mais il est de son intérêt, et de celui du voisin, d'appeler en cause le propriétaire, afin que le bornage se fasse avec lui, et pour éviter qu'il n'en demande un nouveau.

Il n'en est pas de même du fermier et du locataire; parce qu'ils ont contre le propriétaire, dont ils tiennent l'héritage à ferme ou à bail, l'action *ex conducto*, pour qu'il ait à les faire jouir tranquillement, et faire cesser tout trouble qui leur serait occasionné dans leur jouissance par les voisins.

Par la même raison, l'action de bornage ne peut être intentée ni contre un fermier, ni contre un locataire : et si elle l'était, l'un et l'autre, en déclarant qu'il n'est que fermier ou locataire, et indiquant le nom et la demeure du propriétaire, de qui il tient l'héritage, doit être renvoyé de la demande formée contre lui.

L'objet du bornage est de déterminer dans les endroits où les héritages voisins se touchent, quel est celui où l'un des héritages finit, et l'autre commence, et d'y planter une borne qui se puisse apercevoir.

Les parties doivent, pour cela, convenir d'arpenteurs auxquels elles remettront leurs titres respectifs, d'après lesquels, l'arpentage fait, ils détermineront les endroits où les bornes doivent être plantées, et les y planteront.

S'il se trouve que l'un des voisins occupe plus de terrein que son titre ne porte, on doit remplir celui qui en a le moins, de ce qui lui manque, parce que l'autre a de plus, à moins que ce dernier n'ait une possession trentenaire du surplus.

Le bornage doit se faire à frais communs, parce qu'il se fait pour l'intérêt des deux parties.

Ceci regarde particulièrement les biens de campagne, qu'on appelle proprement *prædia rustica ;* quant aux autres héritages, qu'on nomme maisons de ville, ou *prædia urbana,* s'ils ont des cours communes ou des jardins contigus, l'un des voisins non-seulement a le droit d'en demander le bornage, mais même d'obliger son voisin à construire, à frais communs, un mur de clôture. Sur cette matière, nous nous référons à ce que nous avons dit des murs mitoyens dans la leçon précédente.

## § II.

### *Des autres obligations que forme le voisinage.*

Le voisinage forme trois autres espèces d'obligations :

1°. Le voisinage oblige chacun des voisins à user de son héritage, de manière à ne pas nuire à son voisin.

2°. Le voisinage m'oblige à laisser passer sur mon héritage les ouvriers dont mon voisin a un besoin indispensable pour réparer sa maison ou la reconstruire.

3°. Le voisinage oblige le propriétaire d'un mur contigu à l'héritage de son voisin à lui vendre la communauté de ce mur, si ce voisin veut y appuyer un bâtiment.

*De l'obligation de jouir d'un héritage sans nuire à son voisin.*

Il en est, à cet égard, du voisinage comme de la communauté : de même qu'un quasi-associé doit jouir et user des choses qui forment la quasi-communauté, de manière qu'il ne nuise point à son quasi-associé; de même un voisin doit jouir de son héritage de manière à ne pas nuire au propriétaire ou possesseur de l'héritage voisin.

Cette obligation est aussi fondée sur ce principe, consigné dans la loi VIII, § V *ff. Si servitus vindicetur*, que chacun est libre de faire ce qu'il veut sur son bien, pourvu qu'il ne porte aucun préjudice à celui d'autrui.

C'est de cette obligation que provient l'action

*aquæ pluviæ arcendæ*, qui appartient au propriétaire ou possesseur d'un champ inférieur contre le propriétaire ou possesseur d'un champ supérieur, lorsque ce dernier, par un ouvrage qu'il fait dans son champ, rassemble les eaux qui y tombent, d'où il les fait couler dans le champ inférieur avec plus d'abondance et de rapidité qu'elles n'y tomberaient naturellement, et lui cause par ce moyen quelque dommage.

Cette action n'a lieu que lorsque le dommage, ou le préjudice que souffre un propriétaire ou possesseur d'un héritage, provient du fait de son voisin : mais s'il provient du site et de la nature des lieux, il ne peut être admis à s'en plaindre.

Le possesseur du champ supérieur peut aussi avoir l'action *aquæ pluviæ arcendæ* contre celui du champ inférieur, si celui-ci, par une digue qu'il a fait construire dans son champ, fait refluer les eaux sur celui de son voisin.

Le demandeur conclut, par cette action, à la destruction de l'ouvrage qui lui cause préjudice. Cette destruction doit se faire aux frais du défendeur, si c'est par son ordre que l'ouvrage a été fait; si c'est sans son ordre, il est seulement tenu à souffrir la destruction de l'ouvrage aux frais du demandeur.

Les dispositions du projet de Code Civil sur cette matière sont absolument conformes aux principes que nous venons d'exposer.

« Les fonds inférieurs sont assujétis, envers ceux qui sont plus élevés, à recevoir les eaux qui en découlent naturellement sans que la main de l'homme y ait contribué.

« Le propriétaire inférieur ne peut point élever de digues qui empêchent cet écoulement.

« Le propriétaire supérieur ne peut rien faire qui aggrave la servitude naturelle du fonds inférieur. »

Du principe général que le propriétaire d'un héritage ne doit rien faire sur son fonds qui nuise à l'héritage voisin, résultent beaucoup d'autres dispositions tant des lois romaines que de diverses coutumes, telle que celle qui défend de faire sur son héritage quelque chose qui enverrait une fumée trop épaisse dans la maison voisine, comme celle qui sort d'un four à chaux.

Telles sont aussi les dispositions de quelques lois romaines et de certaines coutumes, qui déterminent la distance à laquelle des arbres doivent être plantés, et la hauteur à laquelle ils doivent être élagués, pour ne pas nuire par l'extension de leurs racines, ou par leur ombrage à l'héritage voisin.

C'est aussi à ce principe que l'on doit rapporter *le tour d'échelle,* qui est un espace que celui qui bâtit doit laisser entre son bâtiment et le terrein de son voisin, pour pouvoir y poser des échelles en cas de réparations à faire à ce bâtiment, et afin que les gravois qui peuvent s'en détacher ne tombent pas sur l'héritage voisin.

*De l'obligation de souffrir le passage des ouvriers.*

La seconde obligation que forme le voisinage consiste en ce que, si mon voisin a un besoin indispensable de faire passer par ma maison ses ouvriers pour bâtir ou réparer sa maison, je suis obligé de le souffrir, à la charge par lui de réparer en diligence le dégât qu'auraient fait ses ouvriers.

C'est une de ces servitudes qui, suivant l'expression des commissaires-rédacteurs du projet de Code Civil, dérivent de la situation naturelle des lieux.

Cette servitude a lieu non-seulement par rapport à l'héritage voisin, mais encore par rapport à la voie publique. Suivant cette disposition du droit romain qui porte que, si la voie publique est devenue impraticable par le débordement d'un fleuve, ou un écroulement, le propriétaire de l'héritage voisin, doit prêter passage sur son fonds.

*De l'obligation de vendre à son voisin la communauté d'un mur.*

Quoique régulièrement personne ne soit obligé de vendre, en tout ou en partie, une chose qui lui appartient, néanmoins, le propriétaire d'un mur contigu à l'héritage de son voisin est tenu, si ce voisin souhaite bâtir contre ce mur, de lui en vendre la communauté suivant l'estimation qui en sera faite.

La coutume de Paris, art. CXCVI, s'exprime formellement sur ce point : « Si quelqu'un veut bâtir « contre un mur non mitoyen, faire le peut, en « payant la moitié tant dudit mur, que fondation « d'icelui jusqu'à son héberge; ce qu'il est tenu « de payer auparavant que rien démolir ni bâtir; « en estimation duquel mur est comprise la valeur « de la terre sur laquelle ledit mur est assis, au cas « que celui qui a fait le mur l'ait tout pris sur son « héritage. »

Cette disposition, qui paraît, en quelque sorte, attenter au droit de propriété, est cependant fondée sur l'équité, attendu que le refus que ferait le propriétaire d'un mur contigu d'en vendre la communauté au propriétaire de l'héritage voisin, serait une pure malice, puisqu'il trouve son intérêt à la vendre pour retirer la moitié du prix qu'il lui a coûté. *Maliciis non est indulgendum.*

La coutume n'obligeant le propriétaire d'un mur contigu à en vendre la communauté à celui de l'héritage voisin que, lorsque celui-ci veut bâtir contre ce mur, il s'ensuit naturellement que le voisin ne peut pas forcer le propriétaire du mur à lui en vendre la communauté, s'il n'est pas dans l'intention de bâtir, quoiqu'il puisse avoir un autre intérêt de l'acheter; car la disposition de la coutume, étant contraire au droit commun, doit être restreinte au cas qu'elle a exprimé ; mais le projet de Code Civil paraît y donner plus d'extension, en décidant que « tout propriétaire joignant un mur à la faculté de le rendre mitoyen, en remboursant au maître du mur la moitié de sa valeur et du sol sur lequel il est bâti. »

Le propriétaire du mur contigu à mon héritage est obligé de me vendre la communauté de la partie du mur dont j'ai besoin pour bâtir, et ne peut pas me forcer à acquérir la communauté de tout le mur. Par exemple, si ce mur est de six toises de longueur et de douze de hauteur, et que je n'aie besoin, pour le bâtiment que je veux construire, que de trois toises de longueur et quatre de hauteur, je n'acquerrai la communauté que de trois toises de longueur et quatre de hauteur.

Il est évident que le mur contigu étant devenu commun et mitoyen par l'acquisition que le voisin, qui voulait bâtir, a faite de la communauté de ce mur, doit contribuer pour moitié à l'entretien et aux réparations de ce mur, au moins dans l'étendue dont il a acquis la communauté.

# CINQUIÈME LEÇON.

## PARAGRAPHE PREMIER.

*Des délits et quasi-délits quant aux réparations civiles.*

Un délit, dans l'acception purement civile, est un fait par lequel une personne, par dol ou malignité, cause du dommage ou quelque tort à une autre.

Le quasi-délit est un fait par lequel une personne, sans dol ni malignité, cause quelque tort à une autre.

Les délits et quasi-délits produisent une obligation par le fait, ainsi que les quasi-contrats; mais ils diffèrent de ces derniers en ce que le quasi-contrat est un fait permis par les lois, au lieu que le délit ou quasi-délit est un fait défendu et condamnable.

Comme les délits et les quasi-délits ne peuvent avoir lieu que par dol ou imprudence, il n'y a que les personnes qui ont l'usage de la raison, qui en soient capables, sans pour cela qu'on puisse définir précisément l'âge auquel les hommes sont capables de malignité, c'est delà que naît cette maxime : *Neminem in delictis ætas excusat.*

Il suit de ces principes, qu'à la vérité le fait par lequel un enfant et un fou causent du tort et du dommage à quelqu'un, ne peut être considéré ni comme un délit, ni comme un quasi-délit, parce que ni l'un ni l'autre n'est susceptible d'imprudence ou de malignité; mais que les interdits pour cause de prodigalité, les mineurs pubères ou proches de la puberté, sont tenus de la réparation du tort qu'ils ont causé par délits ou quasi-délits, quoiqu'ils ne puissent s'obliger en contractant. Cependant, les fautes d'imprudences, qui ne sont que des quasi-délits, s'excusent plus facilement dans les mineurs pubères ou voisins de la puberté, que dans les majeurs interdits pour cause de prodigalité : cela dépend des circonstances.

Ceux qui ont en leur puissance, ou sous leur autorité, les personnes qui ont commis des délits ou quasi-délits, tels que les pères et mères, les tuteurs et précepteurs sont tenus de réparer le tort que leurs enfans ou leurs élèves ont causé à quelqu'un par délits ou quasi-délits, si le fait s'est passé en leur présence, ou s'ils ont eu les moyens de l'empêcher et qu'ils ne l'aient pas fait.

Il en est de même des maîtres pour les délits ou quasi-délits commis par leurs serviteurs ou les ouvriers à leurs gages.

De l'exposé sommaire que nous venons de donner, il est aisé de conclure quelles sont les différences qui existent entre les délits et quasi-délits.

Nous nous occuperons en premier lieu des délits.

## § II.

### *Des délits.*

Attendu que nous ne traitons ici des délits que sous le rapport des réparations purement civiles, nous ne nous arrêterons point à la division que les romains faisaient des délits, privés et publics, que nous ne reconnaissons point en France, ainsi que la sous-division des délits privés en délits ordinaires et extraordinaires, quoique l'ordonnance de 1670, tit. XXV, art. XIX, paraisse les reconnaître en statuant qu'à l'égard des délits privés, les transactions seront exécutées, et que le ministère public n'en pourra faire aucune poursuite. Mais, par ces délits privés, l'ordonnance n'entend pas précisément les quatre délits que le droit romain regardait comme privés, et qui sont le vol ou larcin, la rapine, le dommage causé à dessein de nuire, et l'injure ou l'affront dont plusieurs emportent une peine afflictive et infamante; mais les délits légers d'où il ne résulte aucune peine de cette nature, et qui donnent lieu seulement à des dommages et intérêts : tels sont la plupart des délits de charte.

*Du vol et de la rapine.*

Le vol proprement dit, suivant la définition qu'en donne Justinien, est l'enlèvement frauduleux d'une chose, ou de l'usage de cette chose, ou de sa possession. La rapine n'est autre chose que le vol accompagné de circonstances aggravantes, telles que la force et la violence.

Les peines que ces délits emportent sont différentes; mais la réparation civile est la même, puisqu'elle se réduit à la revendication, ou l'action *in rem*, que tout propriétaire a contre le possesseur de la chose qui lui a été enlevée, quelque part qu'elle se trouve, soit entre les mains du voleur même, soit entre celles d'un tiers, soit que celui-ci soit détenteur de bonnes ou de mauvaise foi, à moins que la force ou la violence, qui a accompagné le vol, n'ait fait ou occasionné des blessures, qui alors donneraient lieu aux dommages et intérêts.

On voit, par la définition que nous avons rapportée du vol ou larcin, que le vol peut se faire non-seulement de la chose même, mais encore de l'usage de la chose et de sa possession.

De l'usage, lorsqu'un dépositaire se sert de la chose qu'il a reçue en dépôt, ou que celui à qui on a prêté une chose certaine l'emploie à un autre usage qu'à celui pour lequel elle lui a été prêtée.

De la possession, lorsqu'un débiteur enlève à son créancier le gage qu'il lui a donné pour sûreté de sa créance, parce que, dans ce cas, il ne commet pas le vol de la chose même, puisqu'elle lui appartient, mais seulement de la possession qui appartient au créancier jusqu'à ce que la dette soit éteinte par le paiement ou autrement.

On peut voir ce qui a été dit à ce sujet dans ce Cours Élémentaire sur le contrat de dépôt, troisième cahier, treizième leçon; et sur les contrats de prêt à usage, et de nantissement ou gage, quatrième cahier, première et deuxième leçons.

*Du dommage causé à dessein de nuire.*

Le dommage fait par une personne à une autre, par malice ou par fraude, est un délit : c'est celui qui est l'objet de la loi *aquilia*.

Le but de cette loi est de prévenir ou de réparer les pertes et les dommages qui pourraient nous être causés, par le fait et la faute d'autrui, plus ou moins grands. Ses dispositions ont leur application dans nos usages, à la réserve de la peine à laquelle les lois romaines condamnaient celui qui avait causé le dommage, et qui, dans notre jurisprudence, se réduit à des dommages et intérêts.

Il est de ces sortes de délits qui, quoiqu'ils emportent peine afflictive et même capitale, donnent néanmoins lieu aux dommages et intérêts : tel est l'homicide commis en la personne d'un mari, d'un père ou d'un fils. On adjuge, dans ce cas, des dommages et intérêts à la veuve qui a perdu son mari, au fils qui a perdu son père, et au père qui a perdu son fils, contre celui qui a commis le meurtre. Cela s'observait en France, nonobstant les lettres de grace qu'obtenait le coupable, parce que les dommages et intérêts sont une réparation purement civile, et que les lettres de grace n'exemptaient le coupable que de la peine portée contre lui par la loi.

La poursuite des délits ne se règle pas parmi nous comme chez les romains : les particuliers n'ont pas le droit de poursuivre la vengeance du délit public, mais il est permis aux parties intéressées de poursuivre la réparation du tort qui leur a été causé par un délit : elles peuvent le faire ou par simple assignation, ( ce qui rend le procès civil ) ou en intervenant comme partie civile dans l'instruction criminelle du délit.

Les réparations civiles, ou les dommages et intérêts, doivent être proportionnés à la qualité du délit et de la personne envers laquelle il a été commis.

Il nous est impossible d'entrer dans le détail des délits, plus ou moins graves, qui donnent lieu aux dommages et intérêts ; nous nous contenterons d'indiquer contre qui se dirige l'action en réparation du tort occasionné par un délit.

C'est un principe reconnu que les délits sont personnels en ce sens, que la vindicte publique ne s'étend que sur celui qui a commis le délit, et sur ceux qui y ont participé, car la participation à un délit est elle-même un délit.

Il n'en est pas de même de la réparation civile du délit, qui est dûe à la partie qui en a souffert non-seulement par la personne qui a commis le délit, et par ses complices, mais encore par ceux qui, ayant inspection sur le délinquant, ont à se reprocher d'avoir donné occasion au délit par leur imprudence, ou de ne l'avoir pas empêché lorsqu'ils en avaient les moyens, tels que les pères et mères, les précepteurs, les maîtres, pour les délits de leurs enfans, de leurs élèves, de leurs domestiques et des ouvriers par eux salariés, comme nous l'avons vu dans le commencement de cette leçon.

La peine du délit ne passe point aux héritiers du délinquant ; mais l'action en réparation civile peut s'exercer contre l'héritier, si elle a été formée du vivant de l'auteur du délit, et ce par la voie de la demande en reprise d'instance. Dans le cas contraire, l'action en réparation ne peut être exercée contre l'héritier du délinquant, parceque la personne, qui avait intérêt à poursuivre la réparation, ne l'ayant pas fait du vivant de celui qui a commis le délit, est présumée lui en avoir fait remise.

L'action en réparation civile du tort occasionné par un délit dure plus ou moins, suivant la nature du délit.

Si c'est un délit capital ou assez grave pour qu'il en résulte peine afflictive ou infamante, l'action civile dure autant que l'action publique. L'une et l'autre se prescrivent par vingt ans depuis le crime commis, lorsqu'il n'y a pas eu de jugement définitif, et par trente ans à compter du jugement qui serait intervenu.

Si c'est un délit léger, duquel il ne puisse résulter aucune peine afflictive ou infamante, l'action doit être intentée dans l'année même, passé lequel tems on serait non-recevable à la former.

### *Des injures.*

L'injure prise ici pour l'affront est un outrage que l'on fait à quelqu'un soit par des actions, soit par des paroles, soit par des écrits.

Par des actions, lorsqu'une personne en frappe une autre.

Par des paroles, si quelqu'un profère des choses outrageantes contre un autre.

Et, enfin, par des écrits, si une personne fait et publie un libelle diffamatoire contre une autre.

Toutes ces sortes d'injures donnent lieu à des réparations, civiles ou dommages et intérêts, envers la personne qui a été outragée.

Ces réparations sont plus ou moins fortes, suivant la nature de l'injure, la qualité des personnes outragées, de celles qui ont fait l'outrage, et les circonstances.

L'ordonnance de Moulins réprime sévèrement l'injure, qui se commet par libelle diffamatoire, dans l'article LXXVII, et prononce, contre les auteurs, imprimeurs et vendeurs de ces libelles, des peines qui sont étrangères à notre sujet, mais qui n'empêchent pas que la personne offensée ne puisse intenter une action en réparation civile.

En général, celui qui a reçu une injure a le choix de l'action civile ou de l'action criminelle. Lorsqu'il choisit cette dernière, ce qui arrive plus communément, le juge doit terminer l'instance par une condamnation à quelques réparations ; la procédure extraordinaire ne doit être ordonnée, suivant l'esprit de l'ordonnance de 1670, titre XV, articles II et IX, que lorsque le délit est tel qu'il mérite une peine afflictive.

## § III.

### *Des quasi-délits.*

Ce que nous avons dit des délits, quant aux réparations civiles, peut s'appliquer aux quasi-délits.

Le quasi-délit, étant exempt de dol et de malignité, n'est point sujet à la vindicte publique; mais comme il est l'effet de l'imprudence ou du défaut de précaution, il est juste que celui qui l'a commis soit tenu de réparer le tort qu'il a fait à un autre.

Il ne suffit pas, pour l'ordre de la société, que nous nous abstenions de faire volontairement du tort à autrui, il faut encore que nous prenions les précautions nécessaires pour n'en pas causer même involontairement : c'est pourquoi, dans notre usage, celui qui, par sa faute, a fait tomber sur un passant quelque chose du haut de sa maison, si ce passant en a souffert une blessure ou un dommage quelconque, non-seulement il est condamné aux dommages et intérêts envers ce particulier, mais il est encore puni par une amende plus ou moins forte.

Mais, aussi, pour qu'il soit dû des dommages et intérêts à quelqu'un par celui qui lui a fait du tort, il faut qu'il soit constant que ce soit par la faute de ce dernier, soit par une trop grande impéritie, soit par défaut de prévoyance et de précaution.

Il résulte de ces principes, 1°. que le conducteur d'une voiture est obligé de réparer le tort qu'il a causé par sa voiture : il est censé l'avoir fait par imprudence, à moins que, par les circonstances, il ne soit prouvé qu'il n'y a pas de sa faute.

2°. Que celui qui, étant monté sur un cheval dont il ne pourrait arrêter la fougue par force ou par adresse, blesserait quelqu'un serait tenu des dommages et intérêts du blessé, parce qu'il doit s'imputer de s'être chargé de monter un cheval, ou de conduire un char qu'il n'était pas en état de monter ou de conduire.

3°. Que celui qui, ayant un animal méchant, ne prend pas les précautions nécessaires pour l'empêcher de nuire, en est responsable : tel est celui qui mènerait avec lui un chien hargneux, et qui ne veillerait pas sur lui pour l'empêcher de faire du mal à quelqu'un.

---

# SIXIÈME LEÇON.

## PARAGRAPHE PREMIER.

### *Des successions en général.*

La succession doit être considérée sous deux rapports : ou elle a lieu à titre universel, ou à titre singulier. Dans le premier cas, c'est ce que nous appelons hérédité; dans le second, c'est la succession du légataire ou du donataire au testateur ou au donateur.

L'hérédité est la succession à tous les biens et à tous les droits actifs et passifs d'un défunt.

L'héritier est successeur universel lors même qu'il a des cohéritiers avec lesquels il partage la succession : chacun d'eux, pour sa part, est successeur universel, parce que chaque partie d'une hérédité, suivant l'expression des jurisconsultes romains, est elle-même une hérédité; en quoi les héritiers diffèrent des légataires, même universels, qui ne sont successeurs qu'à titre singulier, et qui succèdent à la chose plutôt qu'aux droits de défunt.

Il y a deux sortes d'hérédité : la testamentaire et la légitime, ou celle qui se défère *ab intestat.*

L'hérédité testamentaire est celle qui est déférée par le testament.

L'hérédité légitime est celle qui est déférée par la loi : cette dernière n'a lieu qu'à défaut de la testamentaire. Cependant, nous traiterons d'abord de la succession légitime ou *ab intestat.*

## § II.

### *De la succession légitime.*

Il y a lieu à la succession lorsqu'elle est ouverte : elle ne peut être ouverte que par la mort naturelle ou civile, suivant cette maxime : *Viventis non est hereditas.*

*Ouverture de la succession par la mort naturelle.*

Il n'y a pas de doute que la succession ne soit ouverte par la mort naturelle, mais il faut qu'elle soit constatée : ce qui souffre des difficultés lorsque celui de la succession duquel il s'agit est absent depuis longtems.

Il est prudent de ne pas procéder au partage définitif de la succession d'un absent avant qu'il ait atteint sa centième année, qui est généralement le plus long terme de la vie de l'homme, *quia is finis longævi hominis est,* comme le reconnaît la loi 56 de Usufructu. Mais les parens de l'absent peuvent procéder à un partage provisoire, sans qu'on puisse déterminer précisément de quel tems doit être l'absence pour donner lieu à ce partage provisoire : cela doit être laissé à l'arbitre du juge, qui examinera les circonstances.

Le décret du 9 fructidor an II, additionnel à la loi du 17 nivôse, porte, article II, que les successions des absens, partis avant le premier juillet 1789, et pour le réglement desquels il y avait eu procédure avant le 9 février 1792, seront partagées.

SAVOIR:

« Celles dans lesquelles l'absence remontait à moins « de dix ans avant le 14 juillet 1789, selon les princi- « pes établis par la loi du 17 nivôse, » (que nous aurons occasion de rapporter en parlant du partage des successions. )

« Et toutes celles plus anciennes, selon les règles « adoptées dans les partages provisoires déjà faits, « et qui vaudront comme définitifs. »

*Ouverture de la succession par la mort civile.*

La mort civile donne lieu à l'ouverture de la succession ainsi que la mort naturelle.

La mort civile arrive en France de deux manières, par la condamnation à une peine infamante et perpétuelle, telle que les galères à perpétuité, et par la profession en religion.

Par la condamnation, la succession était ouverte au fils ou aux héritiers naturels : au fils, dans les pays où la confiscation avait lieu, et aux héritiers naturels, dans ceux où la confiscation ne s'exécutait pas.

Toutes les nouvelles dispositions qui ont été faites relativement aux condamnés, aux émigrés, aux prêtres déportés et autres, ne peuvent être considérées que comme des lois de circonstances et provisoires, qui ne peuvent pas établir des principes de jurisprudence. Elles doivent cependant être observées aussi long-tems qu'elles ne seront pas rapportées, et qu'il n'y sera pas dérogé par d'autres lois.

La condamnation aux galères à perpétuité étant la

seule qui emporte mort civile, il s'ensuit naturellement que tous ceux qui ne sont condamnés aux fers que pour un certain nombre d'années (comme cela se pratique actuellement) ne sont pas morts civilement, et qu'ainsi leur condamnation ne donne point lieu à l'ouverture de la succession. Ceci est conforme au décret du 8 frimaire an II, qui porte que, dans l'esprit de la loi du 16 septembre 1791, et du code pénal du 25 du même mois, les condamnations à peines afflictives ou infamantes n'emportent jamais mort civile.

La succession est encore ouverte par la condamnation à une peine capitale par contumace : il s'agit seulement de savoir à quelle époque remonte l'ouverture de la succession d'un condamné par contumace.

L'ordonnance de Moulins, de 1566, art. XXVIII, donne cinq ans aux condamnés par contumace pour purger leur contumace.

Si donc le condamné ne se présente point, et passe les cinq ans sans purger sa contumace, il est réputé mort civilement du jour de sa condamnation.

Si le condamné a laissé écouler le délai de l'ordonnance, et qu'il soit décédé ensuite sans se représenter, il doit être réputé mort du jour de sa condamnation, et non du jour de sa mort naturelle; et, par conséquent, sa succession est ouverte du jour de la sentence qui l'a condamné.

S'il a interjeté appel, et qu'il décède pendant l'appel, pourvu qu'il se soit représenté, il est réputé mourir *integri status*, et conséquemment sa succession n'est ouverte que du jour de sa mort naturelle. La raison en est que l'on juge toujours favorablement pour l'état et la liberté, et qu'ainsi, quand quelqu'un meurt avant qu'on ait prononcé sur l'appel d'une condamnation capitale, la seule suspension, que l'appel donne à la sentence, suffit pour le faire réputer mort *integri status*, attendu qu'il était possible que la sentence de condamnation fût infirmée par le jugement sur l'appel, et que ce n'est ni le crime, ni l'accusation qui emporte mort civile, mais seulement la condamnation.

D'après ce principe, si quelqu'un meurt durant l'accusation, sa succession n'est réputée ouverte que du jour de sa mort naturelle, quelque conviction qu'il y ait contre lui.

C'est en conformité de ces principes que les auteurs du projet de Code Civil ont décidé que « dans le cas où le condamné est arrêté ou se représente dans le délai qui lui est accordé par la loi, le jugement de coutumace est anéanti de plein droit; et, pour lors, si la même condamnation, ou toute autre emportant mort civile, est prononcée contre lui, la mort civile n'est encourue que du jour de ce jugement contradictoire; sa succession n'est ouverte que du jour de l'exécution de ce second jugement, et elle est dévolue à ceux des parens du condamné qui sont habiles à lui succéder à cette époque.

« Si, au contraire, le jugement contradictoire absout le condamné, il est rétabli dans tous ses droits de citoyen.

« Si le condamné par contumace décède avant l'expiration du délai utile, il meurt dans l'intégralité de ses droits, et la succession ouverte par sa mort naturelle appartient à ceux qui sont habiles à lui succéder au moment de son décès. »

L'ouverture de la succession par la profession en religion n'a plus lieu en France, puisque cette perfection n'est pas reconnue par les lois constitutionnelles de la république.

Les nouvelles dispositions qui ont été faites sur les successions des religieux et religieuses, n'ayant aucun rapport à leur entrée en religion, mais à leur décès naturel depuis leur sortie de l'ordre religieux, sont étrangères à la question que nous venons de traiter.

## § III.

### *De l'ordre des successions légitimes.*

La loi des Douze Tables ne reconnaissait que deux ordres de successions légitimes : le premier était celui des héritiers siens, c'est à dire des enfans qui étaient dans la puissance de leur père au moment de sa mort ; le second ordre était celui des agnats, qui sont les plus proches parens du côté des mâles, et qui portent le nom du défunt.

En France, il y a trois ordres des successions légitimes : le premier est celui des enfans et autres descendans.

Le second est celui des pères et mères et autres ascendans ; et le troisième est celui des frères et sœurs, et des autres proches qu'on appelle collatéraux.

*De la succession des descendans en ligne directe.*

Les enfans succèdent en France à leurs pères et mères sans distinction de sexe, soit qu'ils soient en puissance, soit qu'ils soient émancipés.

Ils doivent naturellement succéder par portions égales, puisque tous les enfans qui naissent d'un même père sont égaux. Ce principe d'équité s'observait dans la coutume de Paris qui, a bien des égards, était regardée comme le droit commun de la France : il s'observait aussi dans les pays de droit civil, lorsque le père n'avait fait aucune disposition testamentaire.

On ne peut se dissimuler que les distinctions établies, soit par la féodalité, soit par les usages de quelques coutumes, en faveur des aînés mâles, étaient odieuses et contraires aux droits de la nature et à la justice, puisqu'un père doit voir avec le même intérêt tous ses enfans indistinctement, de quelque sexe qu'ils soient, aînés ou puînés. Aussi doit-on regarder comme un des bienfaits de la révolution française l'abolition de ces usages et de ces coutumes barbares, qui se trouve dans l'art. IX, tit. I.er du décret du 15 mars 1790, portant que : « Tous privilèges, toute féodalité et nobilité étant détruits, les droits d'aînesse et de masculinité, à l'égard des fiefs, domaines et lieux nobles, et les partages inégaux à raison de la qualité des personnes, sont abolis. En conséquence, toutes les successions, tant directes que collatérales, seront partagées entre les héritiers suivant les lois et coutumes qui règlent les partages entre tous les citoyens. Toutes lois et coutumes à ce contraires sont abrogées et détruites. »

Le décret du 8 avril 1791 contient des dispositions encore plus précises et plus générales, en ce qu'il n'a pas seulement en vue d'abolir les distinctions provenant de la féodalité et de la nobilité, mais même toutes celles que diverses coutumes avaient introduites.

Ce décret porte, article I.er, que : « Toute inégalité « ci-devant résultant entre héritiers *ab intestat* des « qualités d'aînés ou puînés, et de la distinction des « sexes, ou des exclusions coutumières, est abolie. « Tous héritiers en égal degré succéderont par por-

« tion égale aux biens qui leur sont déférés par la « loi.

« En conséquence, les dispositions des coutumes « ou *statuts* qui excluaient les filles ou leurs des- « cendans du droit de succéder avec les mâles, ou « les descendans des mâles, sont abrogées. »

Toutes ces dispositions se trouvent réunies en un seul principe dans la loi du 17 nivôse an II, art. LXIV : « Si le défunt laisse des enfans, ils lui suc- « céderont également. »

Suivant les lois et coutumes de la France, les enfans ne sont capables de succéder qu'autant qu'ils sont nés d'un mariage légitime : par conséquent, les bâtards ou enfans naturels sont exclus de la succession paternelle, à moins qu'ils n'aient été légitimés : ils pouvaient l'être de deux manières, par lettres du prince et par mariage subséquent. Cette seconde légitimation leur donnait seule le droit de succéder, parce qu'elle les rétablissait dans tous les droits de famille, et que, par ce moyen, ils devenaient de même condition que leurs frères et sœurs nés du même mariage. La légitimation par lettre du prince ne produisait pas le même effet; elle ne servait qu'à couvrir le vice de leur naissance. Mais les lois du 12 brumaire an II, 4 juin 1793, et 15 thermidor an IV, accordent aux enfans nés hors le mariage le droit de succéder à leurs pères et mères. Celle du 2 ventôse an VI, interprétative de ces mêmes lois, porte, article I.er, que les enfans nés hors du mariage de personnes libres, ( c'est à dire qui, n'étant pas mariées ailleurs, pouvaient se marier ensemble ) à leur défaut, leurs enfans en descendans, ont été appelés à recueillir, soit de leur chef, soit par représentation de leurs père et mère, les successions directes et collatérales ouvertes depuis la publication de la loi du 12 brumaire an II, jusqu'à celle de la loi du 15 thermidor an IV.

A défaut d'enfans du premier degré, ceux du second ou leurs descendans, de quelque sexe qu'ils soient, sont appelés à la succession, de manière, cependant, que tous les enfans de chaque fils ou fille, en quelque nombre qu'ils soient, ne doivent avoir pour eux tous que la portion de leur père ou de leur mère qu'ils représentent. Si donc un père décède après ses deux fils, et qu'il laisse quatre petits-enfans de l'un d'eux, et deux de l'autre, les quatre enfans du premier fils n'auront que la portion qu'aurait eue leur père, et, par conséquent, ne peuvent prétendre qu'à la moitié de la succession, et ceux du second fils auront l'autre moitié, quoiqu'ils soient en plus petit nombre.

Il en est de même lorsque les petits-fils concourent avec les enfans du premier degré : si, par exemple, un père a laissé en mourant un fils et quatre petits-enfans d'un autre fils prédécédé ; car, en ce cas comme dans l'autre, la succession doit être partagée par souches, et non par têtes, ou en portions égales.

La loi du 17 nivôse an II est absolument conforme à ces principes ; elle porte :

« LXV. A défaut d'enfans, les petits-enfans succèdent à leur aïeul ou aïeule. »

« LXVI. A défaut de petits-enfans, les arrières petits-enfans succèdent à leur bisaieul ou bisaïeule. »

« LXVII. A défaut de ceux-ci, les autres descendans succèdent dans l'ordre de leur dégré. »

« LXVIII. Lorsqu'il y a des petits-enfans ou des descendans des degrés ultérieurs, la représentation a lieu. »

Voici les principales dispositions du projet de Code Civil sur les successions *ab intestat*.

« La loi seule défère les successions : elle règle l'ordre de succéder entre ceux qui doivent les recueillir, et y appelle successivement au défaut les uns des autres,

1°. Les héritiers du sang,

2°. L'époux survivant,

3°. La république.

« A l'instant même de l'ouverture des successions, les héritiers du sang sont saisis de plein droit de tous les biens, droits et actions du défunt; et ils sont tenus de toutes les charges de la succession.

« Cette saisine légale n'est pas accordée à l'époux survivant ni à la république ; ils doivent se faire envoyer en possession de la succession par justice. »

« Parmi les héritiers du sang, le projet de Code Civil admet les trois ordres de succession que nous avons établis.

« La représentation a lieu à l'infini dans la ligne directe descendante. »

---

# SEPTIÈME LEÇON.

## § IV.

*De la succession des ascendans.*

Lorsque quelqu'un est décédé sans enfans, laissant des ascendans en ligne directe, c'est à dire père, mère, aïeul, aïeule, etc., les ascendans sont préférés à tous parens collatéraux, à l'exception des frères germains, avec lesquels ils viennent concurremment.

On appelle frères germains ceux qui sont nés d'un même père et d'une même mère.

Ceux qui sont nés d'un même père, et non d'une même mère, sont appelés consanguins, et on nomme utérins ceux qui sont nés d'une même mère, et non d'un même père.

Il n'y a que les frères germains qui puissent venir

à la succession du défunt, concurremment avec les ascendans : si donc le défunt ne laisse point de frères germains, et qu'il laisse des ascendans, ceux-ci seuls sont appelés à sa succession.

Dans le concours de plusieurs ascendans, ceux qui sont du plus proche degré excluent les plus éloignés : ainsi, le père seul et la mère seule, ou les deux ensemble, excluent les aïeuls et aïeules, comme ceux-ci excluent les bisaïeuls et bisaïeules, et ainsi de suite en remontant.

Il n'y a pas lieu à la représentation entre les ascendans, à l'effet de faire concourir les plus éloignés avec les plus proches, comme elle a lieu entre les descendans pour faire concourir les petits-fils avec les enfans du premier degré ; mais elle a lieu entre les ascendans du même degré, dont les uns sont paternels, les autres maternels: par exemple, entre un aïeul paternel d'un côté, et un aïeul et aïeule maternelle de l'autre.

L'aïeul paternel tient la place du père, et les deux ascendans maternels tiennent celle de la mère.

La succession sera divisée en deux portions égales: l'aïeul paternel en aura une à lui seul, et les deux ascendans maternels auront entre eux l'autre portion.

C'est une maxime commune à presque toutes les coutumes que les propres ne remontent point :

mais elle ne doit pas être prise dans un lieu trop général et trop étendu.

Le véritable sens de cette maxime est que les ascendans sont exclus seulement de la succession aux propres qui ne viennent pas de leur côté en ligne ; mais ils peuvent succéder aux propres qui viennent de leur côté : par exemple, le père et les autres ascendans paternels ne peuvent pas succéder aux biens de leurs descendans qui leur sont venus du côté maternel ; mais ils peuvent hériter des biens de leurs descendans qui leur étaient venus du côté paternel, *et vice versâ* les ascendans maternels ne peuvent pas succéder aux biens de leurs descendans qui leur sont venus du côté paternel.

C'est ainsi que doit s'entendre cette autre règle des pays coutumiers, que les propres paternels sont affectés aux héritiers du sang les plus proches du côté paternel, et que les propres maternels sont affectés de même aux héritiers du sang les plus proches du côté maternel, *paterna paternis, materna maternis.*

La loi du 17 nivôse déroge en plusieurs points aux dispositions de ces coutumes, en statuant, 1°. qu'elle ne reconnaît aucune différence dans la nature des biens ou dans leur origine, pour en régler la transmission : par conséquent, la loi abolit cette maxime des coutumes : *paterna paternis, materna maternis.*

2°. Que, si le défunt n'a laissé ni descendans, ni

frères ou sœurs, ni descendans de frères ou de sœurs, ses père et mère, ou le survivant d'entre eux, lui succèdent : par conséquent, cette loi exclut les ascendans de la concurrence non-seulement avec les frères germains, mais encore avec les neveux et nièces du défunt.

3°. Que, dans tous les cas, les ascendans sont toujours exclus par les héritiers collatéraux qui descendent d'eux, ou d'autres ascendans au même degré.

Les dispositions du projet de Code Civil sont bien différentes ; en voici quelques-unes :

« Si le défunt n'a laissé ni frères ni sœurs, ni descendans de ceux-ci, la succession se divise par moitié entre les ascendans de la ligne paternelle et les ascendans de la ligne maternelle. »

« Dans chaque ligne, l'ascendant exclut tous les collatéraux.

« Lorsque le défunt a laissé des frères et sœurs, ou des descendans de ceux-ci, ils excluent tous les ascendans, autres que les père et mère, encore que lesdits frères et sœurs ne soient que consanguins ou utérins. »

## § V.

### *De la succession des collatéraux.*

On appelle collatéraux tous ceux qui, n'étant ni

ascendans, ni descendans les uns des autres, descendent ou d'un même père, ou d'une même mère, ou d'un autre ascendant qui leur est commun.

Ainsi, les frères et les sœurs sont entre eux collatéraux, l'oncle et le neveu sont collatéraux l'un à l'autre, les cousins germains, ou issus de germains, sont aussi collatéranx.

Entre les collatéraux les plus proches sont les frères et les sœurs. Nous avons eu déjà occasion de remarquer qu'ils sont de trois sortes : germains, consanguins et utérins, et nous avons donné la définition de chacun d'eux.

Après les frères et sœurs, viennent les oncles et tantes paternels ou maternels, les neveux et petits-neveux. Tous les autres collatéraux sont compris sous la dénomination générale de cousins. Parmi les collatéraux, les uns sont plus éloignés de la souche commune, les autres moins éloignés : par exemple, le neveu est plus éloigné de son aïeul, qui est la souche commune, que son oncle, qui est le frère de cet aïeul, *vice versâ* l'oncle est moins éloigné de la souche commune que son neveu. De même, le cousin issu de germain (ou neveu à la mode de Bretagne) est plus éloigné de son bisaïeul, qui est la souche commune, que le cousin germain, qui est son oncle à la mode de Bretagne.

*Ordre de la succession des collatéraux.*

Parmi les collatéraux, les frères ou sœurs sont appelés les premiers à la succession, et excluent tous les autres.

Les frères germains excluent les consanguins et les utérins. Les enfans même du frère germain sont préférés au frère consanguin ou utérin, leur oncle, quoiqu'ils soient d'un degré plus éloignés que celui du défunt, parce qu'ils représentent leur père, qui était frère du défunt : mais, lorsqu'il n'y a ni frères germains, ni enfans de frères germains, et qu'il se trouve des frères consanguins ou utérins, ou des uns et des autres ensemble, ils partagent entre eux indistinctement la succession.

Les enfans des frères germains concourent avec les frères germains, leurs oncles, et de même les enfans des frères consanguins ou utérins concourent avec les frères consanguins ou utérins, qui sont aussi leurs oncles.

Cette concurrence des enfans des frères avec leurs oncles provient du droit de représentation, c'est à dire que les enfans des frères viennent, avec leurs oncles, frères du défunt, parce qu'ils représentent leurs pères pour succéder au défunt, comme ceux-ci lui auraient succédé s'ils lui eussent survécu.

Le droit de représentation est borné aux enfans

des frères, et ne s'étend pas aux autres collatéraux, qui tous viennent par têtes, selon leur nombre et leur degré de proximité, les plus proches excluant les plus éloignés.

Ainsi, la représentation entre collatéraux a lieu lorsqu'il existe un frère ou une sœur du défunt, d'une part, et des enfans d'un autre frère ou d'une sœur de l'autre. Ces enfans viennent par droit de représentation avec le frère du défunt, qui est leur oncle.

Lorsqu'il n'y a aucun frère survivant du défunt, mais seulement de ses oncles et des enfans d'un autre oncle décédé, les oncles vivans du défunt excluent les enfans de celui qui est mort.

Si, au contraire, le défunt laisse un oncle et un neveu, c'est à dire le frère de son père et le fils de son frère, le neveu exclut l'oncle du défunt, parce qu'il représente son père, qui était plus proche du défunt que son oncle.

L'effet du droit de représentation entre collatéraux est de faire partager la succession par souche, et non par tête : par exemple, si le défunt a laissé un frère et deux neveux d'un autre frère, les deux neveux viendront par souche avec le frère du défunt, qui est leur oncle, c'est à dire que leur oncle aura la moitié de la succession du défunt à lui seul, et les neveux du défunt auront l'autre moitié entre eux, lors même qu'ils seraient en plus grand nombre.

Tous ces principes, sur l'ordre des successions entre collatéraux, dérivent de la Novelle 118 de Justinien, qui s'observait dans les pays de droit civil ; mais les coutumes avaient sur ce point différentes règles, particulièrement sur la nature des biens, qu'elles distinguaient en propres et enquêts, en propres paternels et propres maternels. Cette distinction est abolie par les lois nouvelles.

La loi du 17 nivôse an II porte que les parens collatéraux succèdent lorsque le défunt n'a pas laissé de parens en ligne directe ; ils succèdent même, au préjudice de ces ascendans, lorsqu'ils descendent d'eux, ou d'autres ascendans au même degré.

Ainsi, le père du défunt est exclu de la succession de son fils lorsqu'il existe des enfans issus du même père, c'est à dire des frères de son fils décédé, et l'aïeul paternel ne prendra aucune part de la succession de son petit-fils, s'il existe des descendans de lui, c'est à dire des petits-fils ou arrières petits-fils, qui sont neveux ou petits-neveux du défunt.

La loi, en rejetant toute différence entre les biens paternels et maternels, veut que les parens paternels et maternels soient admis indistinctement à la succession du défunt, sans avoir égard à la proximité des parens de l'une ou l'autre ligne, c'est à dire quoique les parens d'un des côtés soient plus éloignés du défunt que ceux de l'autre, parce que ce n'est pas à raison de la proximité de parenté que l'attribution est faite, mais à raison de la nature de la parenté.

S'il n'y avait point de parens d'un des côtés, les parens de l'autre côté succéderaient pour le tout à l'exclusion du fils.

Si le défunt a laissé des frères et sœurs germains, ils excluent tous autres parens, parce qu'ils sont parens du décédé du côté paternel et du côté maternel.

Il n'en est pas de même des frères consanguins et utérins, suivant l'art. LXIX de la même loi : comme ils ne sont pas parens des deux côtés, ils succèdent conjointement avec les collatéraux paternels, quoique plus éloignés du défunt.

Ils donnent même lieu par leur existence à l'ouverture de la succession pour les collatéraux de l'autre ligne que la leur, qui, sans eux, n'y auraient eu aucun droit : nous en avons un exemple dans l'article précité.

Si quelqu'un décède sans enfans et sans frères ou sœurs, sa mère lui succède à l'exclusion de tous parens collatéraux. Mais si le défunt laisse un frère utérin, la mère est exclue, et la succession est ouverte entre le frère utérin et les parens collatéraux du côté paternel, quoique très-éloignés du défunt, qui, autrement, n'auraient eu aucun droit à sa succession. Le même article LXIX fait l'application de cette disposition au frère consanguin à l'égard des collatéraux de la ligne maternelle.

*De la représentation entre collatéraux.*

La représentation, comme nous venons de l'observer, n'avait lieu, suivant la Novelle 118 de Justinien, qui faisait le droit commun de la France, qu'en faveur des neveux du défunt venant à sa succession avec les frères et sœurs de ce dernier; mais la loi du 17 nivôse an II a donné une bien plus grande extension à la représentation.

« La représentation a lieu jusqu'à l'infini en ligne « collatérale. »

Ainsi, les neveux succèdent par représentation de leur père, qui était frère du défunt; les cousins germains par représentation de leur père, qui était frère du père du défunt; les cousins issus de germains par représentation de leur aïeul, qui était frère de l'aïeul du défunt, et ainsi de suite.

Cette représentation a lieu à l'infini, c'est à dire en quelque degré d'éloignement que se trouvent les descendans du chef de branche qu'ils représentent.

« Par l'effet de la représentation, les représentans « entrent dans la place, dans le degré et dans tous « les droits du représenté. »

Dans ce cas, la succession se divise *in stirpes*, et non *in capita*. On en fait autant de portions, pour user des expressions de la loi, qu'il y a de branches appelées à la recueillir.

Si donc le défunt laisse deux frères d'une part, et de l'autre deux neveux, fils d'un autre frère, et deux autres neveux, fils d'une sœur, la succession sera divisée en quatre portions : deux pour les deux frères du défunt qui viennent *jure suo*, et deux autres pour les neveux, dont une pour les deux qui sont fils de son frère prédécédé, et l'autre pour les deux autres neveux, fils de sa sœur aussi prédécédée.

D'après le même principe, la représentation s'opère entre les héritiers de deux lignes. Si, par exemple, les héritiers du défunt descendent les uns de son père, les autres de sa mère, une moitié de la succession sera attribuée aux héritiers paternels, et l'autre aux héritiers maternels, en quelque nombre qu'ils soient de part et d'autre.

En supposant donc qu'il n'y ait qu'un parent du côté paternel, et qu'il y en ait quatre du côté maternel, venant de la même branche, la succession sera divisée en deux parties, dont l'une écherra au parent du côté paternel, et l'autre aux quatre parens du côté maternel. Il en sera de même s'il y a plusieurs parens de la ligne paternelle qui représentent la même branche, et un seul du côté maternel.

Les dispositions du projet de Code Civil diffèrent de celles qui viennent d'être exposées,

1°. En ce que, si le défunt laisse des frères germains et des frères consanguins ou utérins, les premiers prennent leur part dans l'une et l'autre moitié, et les consanguins ou utérins ne la prennent que dans la moitié attribuée à leur ligne.

2°. En ce que les auteurs du projet de Code Civil n'admettent pas la représentation à l'infini en ligne collatérale, mais seulement dans le cas où le défunt laisse des frères ou sœurs, et des neveux ou nièces, enfans du premier degré de frère ou de sœur.

---

# HUITIÈME LEÇON.

## § VI.

*De la succession du mari à la femme, et de la femme au mari.*

Le mari succède à sa femme, et la femme à son mari, si le prédécédé est mort sans testament, et qu'il ne laisse ni ascendans, ni descendans, ni collatéraux. Le survivant des deux exclut le fisc.

Cette disposition du droit romain, consignée dans la loi unique au code *undè vir et uxor*, était observée en France dans tous les pays régis par le droit écrit, et dans plusieurs coutumes; quelques autres, au contraire, admettaient le fisc, ou le seigneur à l'exclusion du survivant des conjoints : mais les nouvelles lois, en abolissant ces coutumes barbares qui donnaient au fisc et au seigneur une préférence aussi contraire à l'équité naturelle et à la justice, ont consacré à cet égard la jurisprudence romaine.

La loi du premier décembre 1790 porte, art. IV: « Le conjoint survivant pourra succéder, à défaut de « parens, même dans les lieux où la loi territo- « riale a une disposition contraire. »

## § VII.

*De la succession acquise aux enfans nés hors d'un mariage légitime.*

Le droit romain, qui ne connaissait d'autre parenté que celle que donne la naissance d'un mariage légitime, excluait les enfans nés hors du mariage de la succession de leurs père et mère, et par conséquent de tous collatéraux, puisqu'ils n'avaient aucun lien de famille. Cette jurisprudence était suivie universellement en France.

Les lois nouvelles y ont dérogé : celle du 4 juin 1793 porte que les enfans nés hors le mariage succéderont à leurs pères et mères.

Ce principe est adopté par la loi du 12 brumaire an II, article I.er, pour les successions ouvertes depuis le 14 juillet 1789, et celles qui s'ouvriront à l'avenir. Elle porte même, article II, que les droits de successibilité de ces enfans sont les mêmes que ceux des autres.

Pour qu'ils soient admis à l'exercice de ces droits, ils sont tenus de prouver leur possession d'état par la représentation d'écrits publics ou privés du père ou de la mère, et par une suite de soins qu'ils ont reçus d'eux à titre de paternité et sans interruption : mais, nonobstant cette filiation, ils ne peuvent prétendre aucun droit dans les successions de leurs parens collatéraux, tels qu'oncles, tantes, etc., ouvertes depuis le 14 juillet 1789. Il y a néanmoins successibilité réciproque entre eux et leurs collatéraux à défaut d'héritiers directs, c'est à dire que, si leurs collatéraux meurent sans héritiers directs, ils leur succéderont, *et vice versâ* si ceux qui sont nés hors le mariage décèdent sans héritiers directs, les collatéraux leur succéderont.

Cependant, la loi n'admet pas indistinctement à ce droit de successibilité les enfans dont le père ou la mère était, lors de leur naissance, engagé dans les liens du mariage avec une autre personne.

Elle leur accorde seulement, à titre d'aliment, le tiers en propriété de la portion à laquelle ils auraient droit s'ils étaient nés dans le mariage, à moins qu'il ne s'agisse de la succession de personnes séparées de corps par jugement, ou par acte authentique. Dans ce cas, les enfans nés hors le mariage exerceront tous les droits de successibilité, pourvu que leur naissance soit postérieure à la demande en séparation.

Les enfans et descendans de ceux qui sont nés du mariage représentent leurs père et mère dans l'exercice de ces droits.

Il est à présumer que le Code Civil, qui, suivant la même loi, doit régler l'état et les droits des enfans nés hors du mariage, apportera des modifications à cette loi qui, uniquement fondée sur des vues d'humanité, paraît s'écarter de la justice et même de la saine moralité, puisque, par ses dispositions, elle facilite les unions illégitimes et le concubinage, et tend à atténuer la nécessité des mariages, dont le lien a, de tous les tems, été regardé comme sacré et comme la sauve-garde des bonnes mœurs.

Sous un gouvernement qui les protège spécialement, les législateurs ne rejeteront pas cette maxime des lois romaines : *Publicè interest matrimonia frequentari, ut legitimâ sobole civitas repleatur.*

## § VIII.

*De la succession acquise au fisc ou au domaine.*

Lorsque le défunt, qui n'a fait aucune disposition testamentaire, ne laisse ni descendans ni ascendans, ni collatéraux, ni autres héritiers, tels que mari ou femme et enfans nés hors du mariage, sa succession est ouverte au fisc, parce qu'il est naturel que les biens qui se trouvent n'avoir aucun maître passent à l'usage du public, et soient à l'état, qui est chargé de toutes les dépenses publiques.

Cette maxime, consacrée par le droit romain, dans la loi première, code *de Bonis vacantibus*, était également observée en France : c'est ce droit qu'on appelle *droit de déshérence*. Mais comme les seigneurs hauts justiciers jouissaient des droits du fisc, ils avaient aussi ce droit de succession pour les biens situés dans leurs territoires.

Les lois nouvelles, ayant aboli tous les droits féodaux et tout ce qui pouvait en être la suite, ne reconnaissent ni seigneurs hauts justiciers, ni autres: en conséquence, elles ont déféré au fisc ou à la nation les successions vacantes.

Celle du premier décembre 1790 porte, art. III : « Tous les biens et effets, meubles ou immeubles « demeurés vacans et sans maîtres, et ceux des per« sonnes qui décèdent sans héritiers légitimes, ou « dont les successions sont abandonnées, appar« tiennent à la nation. »

## § IX.

### *Du partage des successions.*

La succession se partage ou par têtes ou par souches: elle se divise par têtes lorsque tous les héritiers viennent *jure suo*, et qu'ils sont au même degré du défunt. Si donc un défunt laisse quatre enfans, sa succession sera partagée en quatre portions égales pour chacun de ses enfans; de même si, sans laisser d'enfans, il laisse des frères et sœurs, elle sera divisée en autant de portions égales qu'il y a de frères et de sœurs.

La succession se partage par souches lorsque tous les héritiers ne viennent pas *jure suo*, mais que les uns y sont appelés de leur chef, les autres par représentation d'un chef de branche : par exemple, lorsqu'un père laisse des fils et des petits-enfans d'un autre fils, ou lorsqu'il ne laisse que des frères d'une part, et des neveux de l'autre. Les neveux viennent par représentation de leur père qui était frère du défunt. Si donc le défunt a laissé un frère et quatre neveux, fils d'un autre frère prédécédé, sa succession sera partagée en deux portions égales, dont l'une sera attribuée au frère, et l'autre aux quatre neveux qui la partageront entre eux également.

Il en est de même entre les collatéraux, suivant la loi du 17 nivôse an II, qui admet entre collatéraux la représentation à l'infini : par exemple, entre un cousin germain du défunt, et les fils ou petits-fils d'un autre cousin germain, et ainsi de suite.

La même loi ayant ordonné de diviser également la succession entre les parens du côté paternel et ceux de la ligne maternelle, la division de la succession se fait aussi par souche entre les parens de ces deux lignes. Si donc le défunt a laissé un parent du côté paternel, et plusieurs du côté maternel, on fera deux parts égales de sa succession, dont l'une appartiendra en entier au parent de la ligne paternelle, et l'autre sera partagée entre ceux de la ligne maternelle, en quelque nombre qu'ils soient, *et vice versâ.*

*Des formalités nécessaires pour opérer le partage de la succession.*

Pour procéder efficacement au partage d'une succession, il faut en connaître les forces, c'est à dire savoir en quoi consistent les biens qui la composent, déduction faite des charges ou dettes du défunt, parce que, suivant la maxime du droit romain, *non intelligitur patrimonium, nisi deducto œre alieno.*

Le moyen de parvenir à connaître les forces d'une succession, c'est de faire un inventaire de tous les meubles et de tous les titres du défunt, tant de l'actif que du passif, c'est à dire de ce qu'il peut devoir et de ce qui peut lui être dû.

S'il y a des héritiers absens, ou des mineurs orphelins de père et de mère, il est nécessaire de faire apposer les scellés pour la sûreté des uns et des autres, et afin que les titres et effets de la succession ne puissent être soustraits avant que l'inventaire soit terminé. Cette apposition de scellés se fait aujourd'hui par le ministère du juge de paix, qui doit y procéder sans qu'il en ait été requis par les héritiers, suivant la loi du 6 mars 1791, qui porte, art. VII, que les juges de paix procéderont d'office, dans l'étendue de leurs territoires respectifs, à l'apposition des scellés, après l'ouverture de la succession, lorsque les héritiers seront absens, ou mineurs non émancipés, ou n'ayant pas de tuteurs, nonobstant toute opposition.

En cas d'absens non représentés, l'inventaire doit être fait par un notaire nommé d'office par le tribunal civil. Loi du 29 janvier 1791, art. premier.

Les créanciers du défunt peuvent aussi requérir l'apposition des scellés, pour empêcher que l'on ne détourne les effets à leur préjudice.

Si les héritiers sont tous présens, et qu'il n'y ait ni mineurs ni créanciers, ils peuvent se dispenser de faire apposer les scellés; ils peuvent faire faire l'inventaire par un notaire à leur choix.

Dans ce cas, les héritiers peuvent, s'ils le jugent à propos, partager entre eux les meubles en nature, et empêcher qu'il ne soient vendus.

Si, au contraire, il y a des héritiers mineurs, ou des créanciers opposans, il faut nécessairement faire vendre les meubles publiquement et à l'encan, et le prix provenant de la vente entre dans la masse des biens qui doivent être partagés.

## § X.

### *Du rapport des biens.*

Pour que le partage de la succession soit fait avec justice et égalité entre les enfans ou autres descendans du défunt, ils doivent se rapporter entre eux ce qu'ils ont reçu des biens de celui auquel ils succèdent, c'est à dire le joindre à la masse de la succession, pour mettre le tout en commun, et le partager entre eux avec les autres biens. Si, par exemple, le montant de l'hérédité est de 100,000 francs à partager entre quatre enfans, et que l'un d'eux ait reçu du père, de son vivant, une somme ou une valeur de 20,000 fr., il doit rapporter ces 20,000 fr. à la masse, qui, s'élevant alors à 120,000 fr., produira pour chacun des héritiers une somme de 30,000 francs.

Pour donner plus de développement à cette matière, il convient d'examiner, 1°. la nature du rapport des biens; 2°. quelles personnes sont obligées au rapport, et à qui on doit rapporter; 3°. ce qui est sujet ou non au rapport.

*De la nature du rapport des biens.*

Le rapport des biens est l'engagement des enfans et autres descendans à remettre dans la masse de l'hérédité de leur père, mère, ou autre ascendant dont ils prétendent hériter, les choses que cet ascendant leur a données de son vivant, pour être partagées entre eux et leurs cohéritiers, de même que les autres biens de la succession.

Il suit de cette définition que le rapport ne s'entend que des choses qui avaient été données aux enfans par les ascendans à qui ils succèdent : qu'ainsi on ne doit pas comprendre dans la matière du rapport les choses qui sont sujètes à restitution, telles que celles livrées par le défunt en dépôt, ou à titre de prêt à un de ses enfans, parce qu'il doit nécessairement les lui rendre, et qu'elles font déjà partie de la masse de sa succession.

L'héritier donataire, ou celui qui a reçu quelque chose du défunt, n'est obligé en aucun cas de rapporter les fruits des choses qui lui ont été données, ni les intérêts de l'argent qui sont échus du vivant du donataire; mais il est tenu de rapporter ceux qui sont échus du jour que la succession a été ouverte.

L'héritier qui rapporte doit recouvrer ou retenir la valeur des dépenses qu'il a faites pour la conservation de la chose sujète à rapport, ou pour d'autres causes nécessaires, comme pour des réparations indispensables d'une maison, pour un procès qu'il a été obligé de soutenir, afin de recouvrement d'une dette ou de quelques droits.

Le rapport peut s'opérer de deux manières, ou en rapportant effectivement la chose sujète à rapport, en la faisant comprendre dans la masse des biens à partager, ou en retenant ce qu'il doit rapporter, et prenant d'autant moins du reste des biens.

*Quelles personnes sont obligées au rapport, et à qui doit-on rapporter ?*

Suivant les dispositions du droit romain, qui, à cet égard, faisait le droit commun de la France, il n'y avait que les enfans ou autres descendans, héritiers de leurs pères et mères, ou d'autres ascendans, qui fussent obligés entre eux au rapport; mais ce rapport cesse si les enfans ou autres descendans en ligne directe s'en tiennent aux libéralités qu'ils ont reçues, et renoncent à la succession.

Si, cependant, ce qui resterait dans l'hérédité ne suffisait pas pour la légitime des autres enfans, l'héritier, qui aurait renoncé à la succession, serait tenu de faire part aux autres de ce qu'il a reçu du défunt jusqu'à la concurrence de ce qui manquerait pour leur légitime, suivant les termes de la loi unique au code *de inoficiosâ dote ut filiis conquerentibus emolumenta debita conferantur*, et ceux de la loi V, code *de inoficiosis donationibus debitum bonorum subsidium consequantur.*

C'est d'après les motifs de ces lois que, dans les coutumes d'égalité, ce rapport était d'une nécessité absolue, tant en ligne directe qu'en collatérale.

Dans ces coutumes, celui qui renonce est obligé de rapporter, aussi bien que celui qui accepte, lorsqu'il y a des cohéritiers qui le demandent, parce que ce rapport n'a été introduit qu'en faveur de ces derniers, et pour conserver entre eux l'égalité.

Comme dans la nouvelle jurisprudence de la république française, l'égalité est établie universellement, et à l'infini entre les héritiers, qui sont entre eux au même degré, le rapport est expressément prescrit par les mêmes principes.

La loi du 5 brumaire an II porte, article VIII : « Les enfans et descendans ne pourront prendre « part aux successions de leur père, mère ou autres « ascendans, sans rapporter les donations qui leur « ont été faites par ceux-ci antérieurement au 14 « juillet 1789, sans préjudice néanmoins de l'exécu- « tion des coutumes qui assujétissent les donations « à rapport, même dans le cas où les donataires « renoncent à la succession du donateur. »

L'article IX de la même loi étend la nécessité du rapport jusqu'aux collatéraux, en statuant pour les successions ouvertes depuis le 14 juillet 1789, et celles qui s'ouvriront à l'avenir, « que les enfans, « descendans et héritiers en ligne collatérale ne « pourront, même en renonçant à ces successions, « se dispenser de rapporter ce qu'ils auront eu à « titre gratuit, par l'effet des donations que leur « auront faites leurs ascendans ou leurs parens col- « latéraux postérieurement au 14 juillet 1789. »

Sont spécialement exceptées, par l'article X, les donations et dispositions faites par contrat de mariage en ligne collatérale.

Comme le rapport n'a lieu qu'entre cohéritiers, il n'est dû qu'à ceux qui ont cette qualité : ainsi, ceux qui renoncent à la succession, n'ont point de part au rapport. Il en était de même, suivant le droit romain, de ceux qui en étaient exclus par l'exhérédation.

*De ce qui est sujet ou non au rapport.*

Tout ce qu'un père ou une mère, ou autre ascendant, donnent à leurs enfans ou autres descendans, soit en argent, soit en autres effets, comme terres, rentes, etc., est sujet au rapport.

Le fils doit rapporter ce qu'il a reçu du défunt par donation en faveur de mariage, et la fille ce qu'elle a reçu pour sa dot. Elle est obligée au rapport de ce qu'elle a reçu en dot, lors même que le mari, qui l'aurait touchée, l'aurait consommée, et serait devenu insolvable, si toutefois cette perte pouvait lui être imputée, comme si elle avait manqué de se pourvoir en séparation de biens, ou de prendre d'autres précautions pour la sûreté de sa dot.

Mais si rien ne pouvait lui être imputé, si, par exemple, elle était mineure, elle pourrait être exemptée du rapport effectif de ce qu'elle a reçu, en rapportant seulement l'action de la restitution de sa dot contre son mari.

En général, le fils ou la fille, ou autres descendans, doivent rapporter à la succession toutes les libéralités qu'ils ont reçues de leurs père, mère ou autre ascendant, à moins que le donataire n'ait été formellement déchargé du rapport : si, par exemple, le défunt leur a fait ces libéralités pour leur donner en préciput, ou des avantages sur leurs cohéritiers.

Cette exemption de rapporter ne pourrait pas avoir son effet en faveur du donataire, suivant l'esprit des nouvelles lois, au moins pour les donations qui sont faites depuis et y compris le 14 juillet 1789, puisque la loi du 17 nivôse an II, art. I.er, déclare formellement que « les donations entre « vifs, faites depuis et compris le 14 juillet 1789, « sont nulles. » Cette décision a cependant été modifiée par la loi du 4 germinal an VIII, qui, art. I.er, déclare valables toutes les libéralités faites entre vifs, ou par dernière volonté, lorsqu'elles n'excéderont pas le quart des biens du disposant, s'il laisse moins de quatre enfans; les cinquièmes, s'il en laisse quatre; le sixième, s'il en laisse cinq, et ainsi de suite.

Le fils est obligé de rapporter ce qui a été donné à ses enfans par son père ou sa mère, de même que si le don lui avait été fait à lui-même.

Le petit-fils, qui vient à la succession de son aïeul, par représentation de son père, soit avec ses oncles et tantes, soit avec d'autres petits-enfans d'une autre souche, est obligé de rapporter ce que l'aïeul avait donné à son père ou à sa mère, quand même il renoncerait à la succession.

Suivant les dispositions de la loi du 17 nivôse, article X, les collatéraux sont obligés aussi de rapporter les libéralités qu'ils avaient reçues de leur parent collatéral, dont ils sont héritiers.

Il est des choses que les enfans, ou autres descendans, ont reçu de leurs père ou mère, ou autres ascendans, et qu'ils ne sont pas tenus de rapporter à la succession, telles que les sommes que leurs ascendans ont dépensées pour les entretenir dans leurs études et pour leur éducation.

On n'est pas non plus obligé de rapporter les choses qu'on a reçues à titre gratuit du défunt, dont on est héritier, et qui ont péri, sans qu'il y ait de la faute du donataire, par accident et par force majeure, comme par incendie, ou autre cause semblable, soit après l'ouverture de la succession, soit auparavant.

# NEUVIÈME LEÇON.

## PARAGRAPHE PREMIER.

*Des successions testamentaires.*

On appelle testament la déclaration solemnelle que fait un homme de sa dernière volonté, sur la disposition de ses biens après sa mort.

Cette définition convient plus particulièrement aux testamens qui avaient lieu chez les romains, et qu'on appelait testamens solemnels; mais le mot *solemnel*, employé dans notre définition, peut s'appliquer aussi aux formalités quelconques, requises dans quelque espèce de testament que ce soit, tant pour les solemnités que pour la preuve du testament, *sivè ad solemnitatem, sivè ad probationem.*

Dans le droit romain et dans les pays qui sont régis par le droit écrit, on ne donne le nom de testament qu'aux dispositions qui contiennent une institution d'héritier. On appelle codicilles ou donations à cause de mort, toutes celles où il n'y a point d'héritier nommé.

C'est pourquoi il n'y a point, à proprement parler, des testamens dans les pays coutumiers, mais seulement des codicilles ou donations à cause de mort, puisque les coutumes ne reconnaissent d'autres héritiers que ceux du sang, et qu'on appelle légataires universels ceux auxquels le défunt a laissé tous les biens dont il lui est permis de disposer. C'est néanmoins l'usage d'y donner le nom de testament à toutes les dispositions à cause de mort, qui contiennent non-seulement des legs universels, mais même des legs particuliers.

*Des différentes espèces de testamens et de leurs formalités.*

Le droit romain distingue deux sortes de testamens : le testament écrit, et le testament nuncupatif.

Le testament écrit est celui que le testateur rédige ou fait rédiger par écrit, en y observant toutes les solemnités prescrites pour la validité de cet acte.

Ces solemnités sont la présence de sept témoins, convoqués exprès et nommément à cet effet, l'apposition des cachets des témoins, leur signature et celle du testateur.

Le testament nuncupatif est celui qui se fait de vive voix devant sept témoins.

Puisque ce testament se fait de vive voix, il ne peut être sujet ni à la signature, ni à l'apposition des cachets, et la preuve de ces sortes de dispositions ne pouvait se faire que par les témoins, qui, après la mort du testateur, manifestaient sa volonté.

Ce genre de testament n'est pas adopté généralement en France, à cause des inconvéniens sans nombre qu'il entraîne. Toutes dispositions à cause de mort doivent être faites par écrit, et la preuve orale par témoins n'est admissible en aucun cas pour ces actes.

Cependant, les testamens nuncupatifs avaient encore lieu dans les pays de droit écrit, ou quelques autres, où les formes dont nous venons de parler sont autorisées par les coutumes ou statuts particuliers.

Il y a deux autres sortes de testamens, qui sont en usage en pays coutumier ; savoir : le testament solemnel olographe, et le testament solemnel.

Le testament olographe est celui qui est entièrement écrit, daté et signé de la main du testateur.

Cette espèce de testament ne requiert aucune solemnité ; la preuve s'en fait par l'écriture et la signature du testateur.

Ce testament est en usage dans les pays coutumiers, et non dans ceux de droit écrit, à la réserve de ceux qui étaient du ressort du parlement de Paris.

Cependant, suivant les dispositions de l'article XVI de l'ordonnance de 1735, le testament olographe était valable même en pays de droit écrit, s'il était fait par le père ou par la mère, entre leurs enfans, pourvu qu'il fût entièrement écrit, daté et signé de la main du testateur ou de la testatrice.

Le testament solemnel en France est celui qui est dicté par le testateur, reçu par personnes publiques, et revêtu des solemnités requises par les ordonnances et par la coutume du lieu où il est fait.

Toutes ces solemnités sont relatées dans l'article CCLXXXIX de la coutume de Paris.

Il est nécessaire que le testament, pour être réputé solemnel, soit écrit ou dicté par le testateur lui-même par-devant deux notaires, ou le curé ou vicaire de la paroisse du testateur et un notaire; ou par-devant le curé ou vicaire, et trois témoins, s'il n'y a pas de notaire; ou enfin par-devant un notaire et deux témoins, qui soient mâles, âgé de 20 ans accomplis, et qui ne soient pas légataires : en quoi le droit coutumier diffère du droit romain, suivant lequel un légataire pouvait être témoin dans le testament où il lui était fait un legs, parce que c'était l'héritier institué, et non le légataire, qui succédait au droit du défunt, et que, sous ce rapport, le légataire n'était pas censé être témoin dans sa propre affaire, mais dans celle de l'héritier.

Pour que le testament solemnel soit valide, il faut qu'il y soit fait mention *qu'il a été ainsi dicté, nommé et relu*, et qu'il soit signé par le testateur et les témoins; et s'ils ne savent pas, ou ne peuvent pas écrire, on doit faire mention de la cause pour laquelle ils n'ont pu signer.

A cet égard, la loi du 8 septembre 1791 porte qu'à l'avenir, dans les testamens et autres actes de dernière volonté, que les notaires recevront lorsque le testateur ou les témoins ne sauront ou ne pourront signer, lesdits notaires seront tenus de faire mention formelle de la réquisition par eux faite aux testateurs ou témoins de signer, et de leur déclaration de ne pouvoir le faire; le tout à peine de nullité des testamens.

Il est une troisième sorte de testament, que l'on appelle mystique ou secret parce qu'il participe du nuncupatif et de l'olographe: c'est celui que le testateur a écrit ou fait écrire, et qu'il a mis dans une enveloppe cachetée de son sceau, et présenté ensuite à sept témoins, y compris le notaire, en déclarant que le contenu est son testament.

Le notaire en dresse l'acte de suscription, et écrit sur l'enveloppe qu'un tel jour, en présence des témoins dénommés, le testateur a présenté un papier plié, qu'il a dit être son testament.

Le nombre de sept témoins, y compris le notaire, est requis par l'ordonnance de 1735, article IX; mais on peut suivre les statuts et coutumes observés dans les pays de droit écrit, qui exigent un moindre nombre de témoins.

## § II.

*Qui sont ceux qui peuvent faire un testament.*

Ceux-là seuls peuvent faire un testament à qui la loi l'a permis, parce que, d'après le principe du droit romain, consigné dans la loi 3 ff, *qui testamenta facere possunt*, la faculté de faire un testament est de droit public, et non de droit privé ; mais cette raison n'est pas applicable dans nos mœurs, et particulièrement dans les pays coutumiers, où l'on ne donne proprement le caractère de droit public qu'aux objets qui intéressent le public, tels que les matières fiscales, les crimes, et en général ce qui touche à l'ordre public et à l'état.

La loi des Douze Tables avait accordé la faculté de tester à ceux-là seuls qui étaient citoyens romains et pères de famille, c'est à dire qui n'étaient soumis ni à la puissance paternelle, ni à celle d'un maître : c'est pourquoi un fils de famille, ou, ce qui revient au même, celui qui, n'ayant pas été émancipé, étant demeuré sous la puissance de son père, quelque fût son âge, ne pouvait pas faire de testament.

En France, il faut, pour avoir la faculté de tester, être naturel français ou naturalisé.

De même que chez les romains tous les pères de famille ne pouvaient pas user de la faculté de tester ; de même en France tous les citoyens français ne sont pas admis à exercer ce droit : il en est que les lois en rendent incapables ; mais quiconque ne se trouve dans aucune des incapacités prévues par la loi peut faire un testament.

*De ceux à qui il n'est pas permis de tester.*

La première cause d'incapacité de faire un testament est le défaut d'âge requis pour le faire : ainsi, un impubère, c'est à dire celui qui n'a pas atteint l'âge de quatorze ans accomplis, et celle qui n'a pas atteint sa douzième année révolue, ne peuvent pas faire de testament.

En général, tous ceux qui sont en tutelle sont privés de la faculté de tester. La fixation de l'âge, auquel cette faculté était accordée, variait dans les pays coutumiers suivant celui par lequel la majorité était déterminée.

Comme, dans la coutume de Paris, la majorité n'était reconnue qu'à vingt-cinq ans, nul ne pouvait faire de testament, avant d'être parvenu à sa vingt-cinquième année au moins, pour la portion de ses biens que la coutume laissait à chacun disponible, c'est à dire le quint de ses propres ; mais, à l'âge de vingt ans accomplis, il pouvait tester des meubles, acquêts et conquêts-immeubles. *Coutume de Paris, article CCXCIII.*

Les bornes de cet ouvrage élémentaire ne nous permettent pas d'entrer dans le détail des dispositions des différentes coutumes, qui, d'ailleurs, ne serait pas d'une grande utilité, puisque les nouvelles lois ont fixé uniformément la majorité dans toute l'étendue de la république. Celle du 31 janvier 1793, interprétative de l'article premier, section première, titre LV de la loi du 20 septembre précédent, déclare que la majorité, fixée à vingt-un ans par cet article, est parfaite à l'égard de tous les droits civils; et que les majeurs de vingt-un ans doivent être considérés, quant à leurs affaires privées, comme l'étaient dans toute la France, avant l'époque de la loi, les majeurs de vingt-cinq ans. Par conséquent, il n'y a pas de doute que celui qui a atteint l'âge de vingt-un ans accomplis ne puisse tester, et qu'ainsi ceux qui ne sont pas parvenus à cet âge ne soient privés de cette faculté.

La seconde cause d'incapacité est le défaut de raison : ainsi, les furieux, ceux qui sont en démence, ou imbécilles, ne peuvent faire de testament, à moins qu'ils n'aient des intervalles de raison qui puissent suffire pour une telle disposition; il faut, dans ce cas, que le testament soit commencé et achevé, revêtu de toutes ses formes, dans un intervalle où l'usage de la raison ait été parfaitement libre.

Les prodigues, qui sont interdits, sont, à cet égard, assimilés aux furieux et aux insensés, et, par conséquent, étant incapables de disposer de leurs biens pendant leur vie, sont incapables aussi d'en disposer à cause de mort ; mais le testament fait par un prodigue, avant son interdiction, est valable.

La troisième cause d'incapacité provient de certaines infirmités qui privent une personne de l'exercice extérieur des facultés intellectuelles : telles sont celles des sourds et muets. Ceux, donc, qui sont sourds et muets de naissance ne peuvent point faire de testament, parce qu'ils ne peuvent ni entendre ce qu'on leur dit, ni manifester leurs intentions ; mais celui qui n'est que sourd, ou celui qui n'est que muet, s'il sait écrire, peut tester. D'après ce principe, il y a lieu de penser que les sourds et muets de naissance, qui ont reçu l'inappréciable bienfait des instructions de l'immortel abbé de l'Épée et de ses dignes successeurs, pourraient valablement faire un testament, puisque, non-seulement, ils peuvent écrire, mais encore, par le moyen des signes, comprendre ce qu'on leur dit, et faire connaître leurs volontés.

Il suit encore de ce principe que ceux qui sont devenus sourds et muets par accidens peuvent faire un testament s'ils savent écrire, et qu'on en peut dire autant, à plus forte raison, de ceux auxquels il ne serait survenu qu'une seule de ces infirmités. Ceux même qui sont devenus seulement sourds, sans avoir perdu l'usage de la parole, peuvent faire un testament, quand ils ne sauraient pas écrire ; car ils peuvent expliquer et dicter leurs intentions.

Pour pouvoir user de la faculté de tester, il suffit

de pouvoir expliquer ses dipositions : c'est pourquoi un aveugle de naissance ou autrement, qui ne saurait pas lire, pourrait faire un testament, de même que les autres personnes qui ne savent ni lire ni écrire.

Il doit faire écrire ses dernières volontés, et déclarer, en présence des témoins et du notaire, que ce qu'il a fait écrire, après avoir été relu en sa présence et celle desdits témoins et notaire, est son testament.

La quatrième cause d'incapacité est la mort civile: Ainsi, ceux qui sont condamnés à mort ne peuvent faire de testament, parce qu'ils sont morts civilement avant leur exécution, lorsque le jugement est définitif et sans appel.

Il en est de même de ceux qui sont condamnés à des peines perpétuelles et infamantes; mais ceux qui ne sont condamnés qu'à des peines temporaires, quoiqu'afflictives, peuvent tester, parce qu'ils ne sont pas morts civilement.

## § III.

*Qui sont ceux en faveur desquels on peut tester.*

Ceux-là seuls peuvent être institués héritiers, suivant le droit romain, *cum quibus est testamenti factio*, c'est à dire qui ont le droit de recevoir d'un testament ce que les romains appelaient *testamenti factionem passivam*. § IV, *Institutionibus de heredum qualitate et differentiâ.*

Or, il n'y avait que les citoyens romains qui eussent la faculté de recevoir d'un testament : par conséquent, les étrangers et les déportés ne pouvaient pas être institués héritiers.

Les incapacités de tester, et celles de recevoir par un testament, ne sont pas les mêmes; car il y a des personnes incapables de tester, et qui ne sont pas incapables de recevoir par un testament.

*De ceux qui sont incapables de recevoir par un testament.*

Les bâtards qui, comme on l'a vu dans la précédente leçon, § VII, étaient incapables de toutes successions *ab intestat*, à la réserve de celle de leurs enfans légitimes, étaient cependant capables de recevoir les libéralités qu'on voulait leur faire par testament. Mais cette disposition générale a éprouvé divers tempéramens : on a distingué les bâtards adultérins et incestueux des bâtards simples, c'est à dire de ceux qui, étant nés de deux personnes libres, ou qui, n'étant pas engagées dans les liens d'un autre mariage, pouvaient, sans aucun empêchement de parenté, se marier ensemble.

Les enfans adultérins ou incestueux ne peuvent rien recevoir du testament de leurs pères et mères, suivant le droit romain ; mais en France ils sont capables d'un legs modique pour leur tenir lieu d'alimens, parce que les alimens sont de droit naturel.

A l'égard des bâtards simples, ils étaient capables

de recevoir tout ce que le père voulait leur laisser; mais, dans les derniers tems, on a jugé qu'ils n'étaient pas capables des dispositions universelles, comme d'être institués héritiers ou légataires universels; ils peuvent seulement recevoir des legs particuliers.

Comme, suivant les lois nouvelles, et notamment celle du 12 brumaire an II, les enfans nés hors du mariage sont admis aux successions de leurs père et mère comme les enfans légitimes, il s'ensuit qu'ils sont compris, ainsi que ces derniers, dans les réglemens que les législateurs ont faits sur les dispositions de dernière volonté de ceux qui laissent des enfans ou petits enfans nés d'un mariage légitime; ce que nous aurons occasion d'exposer.

Les étrangers, ceux qui sont condamnés à mort ou à d'autres peines qui emportent mort civile, sont incapables de recevoir par un testament pendant qu'ils demeurent dans ces sortes d'incapacités : mais les étrangers naturalisés, et les condamnés, qui sont absouts par un jugement d'appel, peuvent recevoir des libéralités à cause de mort, parce qu'ils ont acquis ou recouvré l'état civil en France.

Les incapacités dont nous venons de parler résultent de l'état et de la condition personnels; il en est qui proviennent des rapports qui se trouvent entre le testateur et l'héritier ou légataire : telles sont celles qui ont été prononcées soit par les lois, soit par les coutumes contre les époux, les tuteurs, les précepteurs et les médecins.

Les dispositions des coutumes varient sur les libéralités à cause de mort que les époux peuvent se faire entre eux. Dans celle de Paris, et quelques autres, le mari et la femme ne peuvent rien se donner par testament, ni à plus forte raison les personnes qui vivent en concubinage.

Comme, dans ces coutumes, cette prohibition n'est faite qu'en faveur des héritiers légitimes qui viennent à l'exclusion du mari ou de la femme, il est évident que l'époux, qui ne laisse aucun héritier du sang, peut faire des dispositions en faveur du survivant. Ainsi, le légataire universel, ou le fisc, ne pourrait pas disputer celles faites au profit du mari ou de la femme, puisqu'au défaut des parens ils sont appelés naturellement à la succession l'un de l'autre, comme nous l'avons vu dans la précédente leçon, suivant la loi unique code *unde vir et uxor.*

La loi du 17 nivôse an II, qui, par l'art. I.er, déclare nulles toutes donations à cause de mort dont l'auteur n'est décédé que le 14 juillet 1789, ou depuis cette époque, fait une exception en faveur des avantages singuliers ou réciproques, stipulés entre les époux encore existans, soit par leur contrat de mariage, soit par des actes postérieurs; mais elle fixe, art. XIII, la nature ou la quotité des avantages que les époux peuvent se faire mutuellement, s'il y a des enfans de leur union, ou d'un précédent mariage; et elle statue, art. XIV, qu'à l'égard des avantages qui pourront avoir lieu à l'avenir, soit qu'ils proviennent d'institutions, donations entre vifs, ou legs faits par un mari à sa femme, ou par une femme à son mari, ils obtiendront leur effet, sauf néanmoins leur conversion ou réduction en usufruit de moitié, dans le cas où il y aurait des enfans.

Il suit de là que, s'il n'y a point d'enfans, quoiqu'il y ait d'autres héritiers, les libéralités testamentaires faites par le mari à sa femme, ou par la femme à son mari, sont valables.

L'ordonnance de 1639, article CXXXI, déclare les tuteurs, curateurs et autres administrateurs, et leurs enfans, durant la vie de leur père, incapables de recevoir des legs de ceux dont ils ont eu l'administration, jusqu'à ce qu'ils aient rendu compte.

Les arrêts ont étendu la prohibition de l'ordonnance aux précepteurs, aux médecins et chirurgiens qui ne peuvent recevoir des legs de leurs élèves ou des malades qu'ils traitent.

---

# DIXIÈME LEÇON.

## PARAGRAPHE QUATRIÈME.

### *De la prétérition et de l'exhérédation.*

La prétérition est l'omission de celui qui n'a été ni institué comme il faut, ni déshérité nommément.

L'exhérédation est une disposition par laquelle un

testateur ôte à quelqu'un l'héritage qui lui était dû, ou qu'il lui avait donné.

La loi des Douze Tables avait donné la plus grande latitude aux testateurs par ces termes si connus : *Uti quisque pater familias legassit ita jus esto.* Mais, dans la suite, il a fallu restreindre cette faculté dont les pères de famille abusaient, au mépris du droit naturel qui adjuge tacitement aux enfans les biens de leurs parens, *natura veluti lex quædam tacita bona parentum liberis addicit. L. VII ff de bonis damnatorum.* Il fut statué, en conséquence, que le testament d'un père, qui aurait passé son fils sous silence, serait nul *ab initio.*

Il fallait, pour que le testament fût valable, que le père eût institué son fils héritier, ou qu'il l'eût déshérité nommément. Et comme ensuite on a remarqué que les pères se portaient trop facilement, et souvent injustement, à cet acte de sévérité contre leurs enfans, on a établi la querelle d'inoficiosité, *querelum inoficiosi testamenti*, au moyen de laquelle, si le père avait déshérité son fils sans cause légitime, celui-ci pouvait attaquer le testament, qui, alors, était cassé.

Ces causes étaient autrefois arbitraires. Justinien a fait à cet égard deux réglemens : par le premier, L. XXXII, code *de liberis præteritis*, il a ordonné que la légitime serait laissée aux enfans, franche et exempte de toutes charges, et ne serait assujétie ni à un terme, ni à une condition, l'un et l'autre devant être regardés comme nuls.

Par le second, Nov. CXV, il a réglé les causes d'exhérédation, et a voulu qu'elles fussent prouvées par l'héritier institué. Elles sont au nombre de quatorze renfermées dans les vers suivans :

*Bis septem ex causis exheres filius esto :*
*Si patrem feriat, vel maledicat ei;*
*Carcere conclusum si negligat, aut furiosum*
*Criminis accuset, vel paret insidias ;*
*Si dederit damnum grave, si nec ab hoste redemit,*
*Testarive vetet, se societque malis ;*
*Si mimos sequitur, vitietve cubile paternum*
*Non orthodoxus : filia si meretrix.*

Nos ordonnances ont ajouté que l'exhérédation pouvait avoir lieu si les enfans se mariaient sans le consentement de leur père ; les mâles avant l'âge de trente ans, et les filles avant celui de vingt-cinq : mais lorsqu'ils ont atteint cet âge, ils peuvent se mettre à l'abri de l'exhérédation par le moyen des sommations respectueuses.

Suivant la même, Nov. CXV de Justinien, les enfans qui décèdent sans postérité, et qui laissent un père, une mère, ou, à leur défaut, d'autres ascendans, sont aussi obligés, pour la validité de leur testament, de les instituer héritiers, et ne peuvent les déshériter que pour les causes indiquées dans cette Novelle.

## § V.

### *De la légitime.*

La légitime proprement dite est une portion de celle qui revient aux enfans, *ab intestat*, dans la succession de leur père et mère.

Elle était, suivant le droit romain, et dans les pays de droit écrit, le tiers de cette portion si le défunt ne laissait que quatre enfans ou au-dessous, et la moitié s'il en laissait cinq ou un plus grand nombre. Nov. XVIII, chap. I.er

En pays coutumier, la légitime des descendans en ligne directe est réglée diversement, suivant les différentes coutumes : dans celle de Paris, article CCXCVIII, elle est la moitié de telle part en portion que chaque enfant eût eue dans la succession de ses père et mère, aïeul ou aïeule, ou autres ascendans, s'ils n'avaient pas disposé de leurs biens à leur préjudice.

En pays de droit écrit, la légitime était dûe aussi aux ascendans lorsqu'un fils décédait sans enfans, et laissait père et mère, ou l'un des deux, ou, à leur défaut, d'autres ascendans; et cette légitime est le tiers de toute la succession; mais, dans les pays coutumiers, les ascendans n'ont point de légitime.

Lorsqu'il n'y a que des enfans du premier degré, ils ont chacun leur légitime par portions égales; s'il y a des enfans du premier degré, et des petits-enfans d'autres décédés, la succession se partage par souches, et non par têtes : les petits-enfans, qui ne viennent que par représentation de leur père, n'ont entre eux que la portion qu'aurait eue leur père s'il eût survécu, et qui est égale à celle de chacun des enfans du premier degré.

S'il n'y a aucun enfant du premier degré, et qu'il y ait des petits-enfans de plusieurs fils prédécédés, la succession se partage encore par souches : ainsi, les petits-enfans provenant de deux fils auraient leur légitime, non selon leur nombre, mais les descendans de chaque fils auraient entre eux la portion qu'aurait eue leur père.

Comme la représentation n'a point lieu entre les ascendans, la légitime n'est dûe qu'aux plus proches d'entre eux ; mais s'il y en a en même degré du côté paternel et du côté maternel, la légitime se partagera en deux parts ; l'une pour les ascendans paternels, et l'autre pour les maternels.

*Sur quels biens se prend la légitime.*

Comme la légitime est une portion de l'hérédité, elle doit se prendre sur tous les biens qui la composent, en estimant la totalité, pour en donner à chacun la portion qui lui revient.

Par la même raison, la demande de la légitime est une véritable demande en partage : si, donc, celui à qui est elle dûe, veut avoir sa légitime en corps héréditaires, et non en d'autres valeurs, l'héritier ne peut la refuser.

La légitime n'ayant été établie que pour empêcher les dispositions qui pourraient diminuer la part des enfans aux biens du défunt, elle doit se prendre non-seulement sur les biens de la succession, mais même sur ceux dont il a disposé entre vifs, soit par donations faites à ses enfans ou autres personnes, soit par constitution de dot à ses filles.

En général, toutes les espèces de biens qui peuvent être sujets au rapport entrent dans la masse de ceux dont il faut prendre la légitime, et y contribuent : ainsi, la dot, même celle qui a été fournie en deniers, est sujète au retranchement pour la légitime; c'est la disposition formelle de la déclaration du mois de février 1731, art. XXXI. Elle y est sujète dans le même ordre que les donations entre vifs, suivant la même déclaration qui porte, art. XXXIV, que, si les biens qu'un donateur a laissés en mourant, après avoir fait des donations entre vifs, ne suffisent pas pour fournir la légitime aux enfans, elle sera prise premièrement sur la dernière donation, et subsidiairement sur les autres, en remontant des dernières aux premières, parce qu'il est évident que ce sont les dernières donations qui ont entamé la légitime.

L'action de la légitime dure trente ans; cette prescription, suivant l'art. XXXVIII de la même déclaration, ne peut commencer à courir contre les légitimaires que du jour de la mort de ceux sur les biens desquels la légitime sera demandée.

Le même esprit de justice et d'équité qui avait dicté les principes qui viennent d'être exposés pour la conservation de la légitime dûe aux enfans, a dirigé nos législateurs dans les dispositions qu'ils ont faites en faveur des enfans ou autres héritiers naturels.

La loi du 7 mars 1793, pour établir l'entière égalité entre les descendans, porte que la faculté de disposer de ses biens, soit à cause de mort, soit entre vifs, en ligne directe, est abolie, et qu'en conséquence tous les descendans auront un droit égal sur le partage des biens de leurs ascendans.

Celle du 17 nivôse an II déclare nulles toutes donations entre vifs, faites depuis et compris le 14 juillet 1789, en maintenant celles qui étaient faites antérieurement ; et comme elle a eu en vue particulièrement l'égalité de partage entre les descendans ou autres héritiers, elle a assujéti au rapport (comme nous l'avons vu dans la huitième leçon) toutes les donations faites aux enfans, descendans et collatéraux, antérieurement au 14 juillet 1789. Par ce moyen, la légitime est assurée aux enfans, et, à l'égard des dispositions de dernière volonté, elle a réduit, art. XVI, pour l'avenir, la faculté de tester au dixième du bien du défunt, s'il a des héritiers en ligne directe. Mais la loi du 4 germinal an VIII a déterminé définitivement la qualité de biens dont les pères pourraient disposer soit entre vifs, soit par dernière volonté, suivant le nombre d'enfans qu'ils laisseraient à leur décès.

L'article premier de cette loi est ainsi conçu : « A « compter de la publication de la présente loi, toutes « libéralités qui seront faites soit par actes entre « vifs, soit par actes de dernière volonté, dans les « formes légales, seront valables lorsqu'elles n'excé- « deront pas le quart des biens du disposant, s'il laisse « à son décès moins de quatre enfans; le cinquième, « s'il laisse quatre enfans; le sixième, s'il en laisse « cinq, et ainsi de suite, en comptant toujours, « pour déterminer la portion disponible, le nombre « des enfans, plus un. »

Il résulte des termes de cette loi que les enfans doivent toujours avoir à partager entre eux les trois quarts de la succession de leur père, s'ils sont moins de quatre; les quatre cinquièmes, s'ils sont quatre; et les cinq sixièmes s'ils sont cinq, et ainsi de suite.

On comprend dans cet article, sous le nom d'enfans, les descendans, en quelque degré que ce soit, qui, néanmoins, ne seront comptés que pour l'enfant qu'ils représentent dans la succession du disposant. Si donc il laisse un fils et plusieurs petits-enfans issus d'un autre fils, le fils aura à lui seul la moitié de la portion non disponible, et les petits-enfans n'auront entre eux que l'autre moitié qu'aurait eue leur père s'il eût survécu.

*De la nature et de la quotité des biens dont le testateur peut disposer, s'il ne laisse pas d'enfans ou autres descendans.*

Les lois romaines, en restreignant le pouvoir que l'ancien droit avait donné aux pères de famille de disposer de leurs biens par testament, n'avaient pour objet que d'assurer aux enfans et, à leur défaut, aux ascendans une portion de la succession de leurs pères ou de leurs fils, que la nature ou la reconnaissance semblait leur adjuger. Mais les coutumes, qui, comme nous l'avons déjà remarqué, ne reconnaissaient que les héritiers du sang, ont pris aussi en considération les intérêts des parens collatéraux qui, à défaut d'héritiers en ligne directe, sont naturellement appelés à la succession du défunt : elles n'ont pas voulu que le testateur épuisât sa succession en libéralités faites à des étrangers ou à des parens, au préjudice des autres, et, par-là, en privât entièrement ces derniers.

Les coutumes distinguent les propres des acquêts et des meubles.

Les propres sont les immeubles qui nous sont échus par succession en ligne directe ou collatérale, ou par donation en ligne directe.

Les acquêts, au contraire, sont ceux que nous avons acquis à titre onéreux ou lucratif, c'est à dire à titre d'achat, ou de donation, pourvu qu'elle ne soit pas en ligne directe.

Chacun peut, suivant le droit coutumier, disposer, par testament, de tous ses acquêts ; mais il ne peut disposer que d'une certaine portion de ses propres. Cette distinction a été introduite dans les coutumes, pour que les immeubles ne sortent point des familles autant qu'il est possible, et pour faire rester les propres dans la ligne d'où ils proviennent.

Quoique le motif de toutes les coutumes soit le même, cependant elles diffèrent sur la qualité et la quantité des biens dont on peut disposer par testament.

Ne pouvant, sans sortir des bornes de cet ouvrage qui est élémentaire, rapporter les dispositions de toutes les coutumes, nous nous contenterons de désigner celle de Paris, dans laquelle on ne pouvait disposer, par dernière volonté, que des meubles et acquêts, et du quint de ses propres.

L'article CCXCII est ainsi conçu : « Toutes personnes saines d'entendement, âgées, et usant de « leurs droits, peuvent disposer, par testament et « ordonnance de dernière volonté, de tous leurs biens, « meubles, acquêts et conquêts-immeubles, et de la « cinquième partie de tous leurs propres héritages, « et non plus avant, *encore que ce fût pour cause pi-* « *toyable.* »

Cet article établit une espèce de légitime coutumière, qu'on appelle *quatre quints,* en ce que, d'après les dispositions qu'il contient, les quatre cinquièmes des propres doivent rester aux héritiers quittes et francs de legs, et de toutes autres charges testamentaires.

Attendu que les nouvelles lois ont abrogé toutes les distinctions que les coutumes avaient introduites sur la nature des biens que chacun laisse à son décès, elles en ont réglé indistinctement la quotité disponible, soit par actes entre vifs, soit par actes de dernière volonté.

La loi du 17 nivôse an II porte, article XVI, que, pour l'avenir, on pourra disposer du dixième de son bien, comme nous l'avons vu, si on a des héritiers en ligne directe; ou du sixième, si l'on n'a que des héritiers collatéraux, au profit d'autres que des personnes appelées par la loi au partage des successions.

Celle du 4 germinal an VIII a dérogé à cette disposition, ainsi qu'à toutes les autres lois relatives aux successions testamentaires, et a maintenu celles qui règlent l'ordre des successions *ab intestat*, et celles qui concernent les dispositions entre époux.

Elle détermine la quantité de biens dont on peut disposer, soit par dernière volonté, soit entre vifs, suivant les degrés des héritiers, ainsi qu'il suit :

« III. Vaudront les libéralités qui seront faites « dans les formes légales, soit par actes entrevifs, « soit par actes de dernière volonté, lorsqu'elles n'ex- « céderont pas

« La moitié des biens du disposant, s'il laisse soit « des ascendans, soit des frères ou sœurs, soit des « enfans ou petits-enfans des frères et des sœurs ;

« Les trois quarts, lorsqu'il laisse des oncles ou « grands-oncles, tantes ou grand'tantes, soit des « cousins germains ou cousines germaines, soit des « enfans desdits cousins ou cousine. »

« IV. A défaut de parens dans les degrés ci-dessus « exprimés, les dispositions à titre gratuit pourront « épuiser la totalité des biens du disposant.

« V. Les libéralités autorisées par la présente loi « pourront être faites au profit des enfans ou autres « successibles du disposant, sans qu'ils soient sujets « à rapport. »

Dans cet article, les législateurs comprennent les libéralités qui auraient été faites aux enfans dans les proportions déterminées par l'article premier, que nous avons rapporté plus haut.

## § VI.

### *Des dispositions entre mari et femme.*

Le droit coutumier avait mis plus ou moins d'entraves aux actes de bienfaisance entre mari et femme : dans certaines coutumes, il était permis au mari et à la femme de se donner réciproquement, par testament, tout ce qu'ils pourraient donner à des étrangers : dans d'autres, ils pouvaient se léguer l'usufruit des meubles, acquêts et conquêts seulement : d'autres, enfin, ne permettaient pas au mari et à la femme de faire des dispositions en faveur l'un de l'autre, lorsqu'il y a des enfans, mais elles le permettaient lorsqu'il n'y en a point.

La coutume de Paris est celle qui a mis le plus

de sévérité à l'égard des libéralités que les époux pourraient se faire entre eux. L'article CCLXXXII est conçu en ces termes :

« Homme et femme conjoints par mariage, cons-
« tant icelui, ne se peuvent avantager l'un l'autre par
« donation entre vifs, par testament ou ordonnance
« de dernière volonté, ni autrement, directement ni
« indirectement, en quelque manière que ce soit, si-
« non par don mutuel, *et tel que dessus.* » C'est à dire, pour en jouir par usufruit seulement, par le survivant, en donnant caution, suivant l'art. CCLXX, il en résulte, comme l'observe de Deferrière, que le testament fait avant le mariage, par l'un des conjoints au profit de l'autre, demeure nul à l'égard de ce qui lui est donné, à moins que le don qui y aurait été fait ne fût accepté par le contrat de mariage.

Autant la faculté de s'avantager entre époux avait été restreinte par le droit ancien, autant elle a été étendue par les nouvelles lois. Le droit nouveau, dit le C. Vermeille, dans son discours préliminaire sur l'effet rétroactif de la loi du 17 nivôse an II, en permettant le divorce à des époux malheureux par leur union, a cru n'en pouvoir trop faire pour la félicité du mariage, et pour en resserrer les liens par les bienfaits.

Qu'il nous soit permis d'observer, en passant, qu'en rendant justice aux lumières et aux vues pleines de sagesse de ce célèbre jurisconsulte, nous sommes convaincus qu'ami des bonnes mœurs autant que de la justice, il ne se serait pas exprimé d'une manière aussi générale en faveur de l'établissement du divorce s'il avait prévu les abus sans nombre, et les suites funestes de la trop grande facilité que les lois ont donnée à cet acte, qui devrait être considéré comme un remède violent que l'on ne doit employer qu'à la dernière extrémité et avec la plus grande circonspection, sur-tout lorsque le mariage est contracté depuis plusieurs années, et qu'il en est résulté des enfans.

Nous sommes également persuadés qu'instruit par les exemples trop multipliés de divorce aussi légèrement provoqués, que prononcés, il serait le premier à inviter nos législateurs à modifier et restreindre l'obtention d'un acte, qui, accordé pour des motifs vagues et sur de simples allégations, en rompant les liens les plus sacrés, ne peut tourner qu'au renversement des bonnes mœurs, à la désunion des familles et au détriment des enfans légitimes, dont les lois n'ont jamais perdu de vue l'intérêt. *

En effet, la loi du 17 nivôse an II, pour nous servir des expressions du même jurisconsulte, qui caractérisent l'honnêteté et la pureté de ses vues sur une union aussi respectable, a affranchi de toutes entraves ce sentiment de bienveillance et d'estime réci-

* Quoique cette observation paraisse étrangère au sujet que nous traitons, cependant nous avons cru devoir la faire dans ce moment où l'on s'occupe de la rédaction d'un code civil, attendu qu'elle serait déplacée lorsqu'il sera promulgué.

proques, qui fait le charme d'un pareil état, mais en ménageant les intérêts des enfans qui lui doivent leur existence.

Elle porte, article XVIII, que les avantages singuliers ou réciproques, stipulés entre époux encore existans, soit par leur contrat de mariage soit par des actes postérieurs, auront leur plein et entier effet; mais que, s'il y a des enfans de leur union, ces avantages, s'ils consistent en simple jouissance, ne pourront s'élever au-delà de la moitié du revenu des biens délaissés par l'époux prédécédé, et que, s'ils consistent en des dispositions de propriétés, soit mobiliaires, soit immobiliaires, ils seront restreints à l'usufruit des choses qui en seront l'objet, sans qu'ils puissent excéder la moitié du revenu de la totalité des biens.

Cet article concerne les avantages singuliers ou réciproques, faits ou stipulés entre époux antérieurement au 14 juillet 1789. L'article suivant regarde tous autres avantages échus et recueillis postérieurement à cette époque, ou qui pourront avoir lieu à l'avenir, soit par dispositions matrimoniales, soit par donations entre vifs, ou legs faits par un mari à sa femme, ou par une femme à son mari. Ces avantages obtiendront également leur effet, sauf néanmoins leur conversion ou réduction en usufruit de moitié dans le cas où il y aurait des enfans.

Ainsi, la loi confirme les dispositions faites par un mari en faveur de sa femme, ou *vice versâ*, même à titre de propriété, s'il n'y a pas d'enfans, et les convertit en usufruit pour la moitié seulement, s'il y a des enfans.

# ONZIÈME LEÇON.

## DES SUBSTITUTIONS.

### PARAGRAPHE SEPTIÈME.

La substitution est une institution d'héritier au second ou autre degré plus éloigné.

Par degré, dans cette définition, on n'entend pas le degré de parenté, mais l'ordre dans lequel le testateur a appelé son héritier.

On distingue, dans les institutions d'héritiers, le degré, le lieu et le cas où la condition sous laquelle l'institution est faite.

Le degré est ce qui caractérise la substitution: si, par exemple, le testateur a dit: *Que Titius soit mon héritier; s'il ne l'est pas, que Mœvius le soit; et si Mœvius ne l'est pas, que ce soit Fabius.* Titius est au premier degré, Mœvius au second, et Fabius au troisième.

Le lieu est l'ordre dans lequel les noms des héritiers sont désignés dans le testament, mais il ne détermine pas la substitution. Ainsi, lorsqu'un testateur s'exprime en ces termes: *J'institue trois hé-*

*ritiers, Titius, Mœvius et Fabius;* Titius est le premier, Mœvius le second, et Fabius le troisième; mais ils sont tous trois hérétiers ensemble, et ils ne sont point substitués l'un à l'autre.

Le cas où la condition ne détermine pas toujours la substitution; si, par exemple, le testateur déclare ainsi sa volonté : *Que Titius soit mon héritier, s'il va à Corinthe*, il n'y a point de substitution; l'institution est seulement conditionnelle, et Titius ne pourra être son héritier que s'il va à Corinthe.

Mais en matière de substitution, le cas désigne l'espèce de substitution faite par le testateur.

Le droit romain en distingue de trois sortes; la substitution vulgaire, la pupillaire et l'exemplaire, qui a été introduite par Justinien, à l'exemple de la pupillaire.

La substitution vulgaire est celle par laquelle on substitue quelqu'un à l'héritier institué : dans le cas où l'institué ne se porterait pas héritier, on ne pourrait pas l'être. Par exemple : *Titius soit mon héritier; si Titius n'est pas mon héritier, Mœvius soit mon héritier.*

La substitution pupillaire est celle par laquelle un père substitue un héritier à son fils impubère qui est sous sa puissance, au cas que celui-ci décède avant l'âge de puberté.

Cette substitution semble renfermer deux testamens; celui du père, et celui de l'impubère : car le père, par ce moyen, dispose non-seulement de son propre bien, mais encore de ce que son fils pourrait avoir acquis avant l'âge de puberté. Cependant, suivant l'expression des lois romaines, ce ne sont pas deux testamens, c'en est un seul pour deux successions, *unum testamentum duarum causarum.*

Enfin, la substitution exemplaire est celle qui se fait par les parens de l'un et l'autre sexe à leurs enfans de quelque âge qu'ils soient, et qui sont en fureur ou en démence, ou interdits pour cause de prodigalité, au cas qu'ils décèdent avant d'avoir recouvré l'usage de la raison, ou la libre administration de leurs biens.

A l'égard de cette espèce de substitution, il faut remarquer que les parens ne pouvaient pas substituer un étranger à leur fils, s'il avait des enfans, ou des frères et sœurs; mais qu'il était tenu de lui substituer son enfant, s'il en avait, ou, à défaut d'enfans, un de ses frères ou sœurs.

Les romains, jaloux de l'accomplissement de leurs dernières volontés, avaient inventé les substitutions, et particulièrement la vulgaire, afin que, si l'héritier institué venait à manquer, ou qu'il ne voulût pas se porter héritier, le substitué pût recueillir la succession, et faire valider le testament, en sorte que le disposant ne fût pas réputé intestat; car on appelait intestat, chez les romains, celui dont le testament avait été abandonné par l'héritier qu'il avait institué.

Ces sortes de substitutions, que l'on nommait aussi

substitutions directes à cause des termes impératifs dans lesquels elles étaient conçues, et parce qu'elles étaient adressées directement à l'héritier substitué, n'avaient lieu, en France, que dans les pays régis par le droit écrit. Celles qu'on appelle aussi fidéicommissaires avaient lieu tant en pays de droit civil qu'en pays coutumier.

## § VIII.

### *Des substitutions fidéicommissaires.*

Les substitutions fidéicommissaires n'étaient pas connues, dans le droit romain, sous le nom de substitutions; ce mot, dans ce droit, ne signifie proprement que les trois substitutions dont nous venons de parler.

Il y a plusieurs différences entre la substitution fidéicommissaire et la substitution directe :

1°. La substitution directe se faisait en termes impératifs et directs; la substitution fidéicommissaire se faisait en termes précaires et indirects : le testateur priait son héritier de remettre sa succession, ou une partie de sa succession à un autre.

2°. Dans la substitution directe, le substitué recevait directement la succession du testateur; au lieu que, dans la fidéicommissaire, le substitué reçoit la succession, ou la portion de l'hérédité de l'héritier nommé.

3°. La substitution directe ne pouvait se faire

que par testament, puisque c'était une institution d'héritier ; mais la substitution fidéicommissaire pouvait se faire par codicille, puisqu'un testateur peut charger son légataire, soit universel, soit particulier, d'un fidéicommis, et, comme nous l'avons déjà observé, ces sortes de substitutions n'étaient connues, dans le droit romain, que sous le nom de fidéicommis, et l'on ne doit pas confondre les fidéicommis avec la substitution fidéicommissaire qui était usitée en pays coutumier, et qu'on y désigne purement et simplement par le nom de substitution.

*Des fidéicommis proprement dit.*

Le fidéicommis est une disposition par laquelle on charge son héritier, ou son légataire de faire passer à un autre ou la succession, ou une partie de la succession, ou certains biens.

Un testateur peut donner par fidéicommis ou toute son hérédité, ou une portion seulement de son hérédité, ou certains objets en particulier, comme des biens-fonds, des maisons et autres immeubles. L'ordonnance du mois de janvier 1629, article CXXV, n'admet pas les fidéicommis pour les choses mobiliaires, si ce n'est pour des pierres précieuses de fort grand prix.

Quel que soit l'objet qui est laissé par fidéicommis, l'héritier ou le légataire, qui en est chargé, non-seulement ne peut pas être obligé de donner au fidéicommissaire au-delà de ce qu'il reçoit, mais encore il peut retenir le quart ou de l'hérédité, ou de la portion d'hérédité, ou du legs qu'il a reçu : c'est ce qu'on appelle la quarte trébellianique, parce qu'elle a été établie par le sénatus consulte Trébellien; de même que l'héritier chargé de legs pouvait retenir le quart des legs qu'il devait remettre : cette retenue était nommée quarte falcidie, à cause de la loi falcidie qui l'avait introduite.

En pays coutumier, ceux qui sont chargés de substitution (ou fidéicommis) ne peuvent pas retenir la quarte trébellianique; mais les enfans doivent avoir la légitime franche et exempte de toute substitution.

En pays de droit écrit, suivant l'ordonnance des testamens, art. LVI, ceux qui ont droit de légitime, et qui ont été institués héritiers, peuvent distraire la falcidie sur les legs, la quarte trébellianique sur les fidéicommis, et retenir en outre leur légitime.

L'héritier ou le légataire, qui restitue l'hérédité, ou le legs au fidéicommissaire, peut non-seulement retenir la quarte trébellianique, mais même toutes les dépenses qu'il a faites pour l'hérédité, ou les objets qu'il est chargé de remettre.

Le testateur peut non-seulement charger son héritier ou son légataire de remettre les objets laissés ou légués au tems de la mort de cet héritier ou légataire, mais aussi de les rendre à un tems déterminé de son vivant, comme au tems de la majorité du fidéicommissaire.

On peut aussi faire un fidéicommis sous condition, par exemple, de n'appeler le fidéicommissaire qu'en cas qu'il ait des enfans.

Le testateur peut grever d'un fidéicommis non-seulement son héritier et son légataire, mais même son héritier *ab intestat*, parce qu'il pouvait, s'il eût voulu, le priver de sa succession en instituant un autre héritier, et qu'ainsi l'héritier *ab intestat* est censé la recueillir par la volonté au moins tacite du défunt, suivant la maxime consignée dans la loi VIII, § I, ff. *de jure codicillorum qui non ademit quod adimere poterat tacite relinquere intelligitur.*

C'est pour cette raison que les jurisconsultes romains, dans la définition qu'ils donnent du fidéicommis, ne disent pas qu'il doit être livré par l'héritier institué ou le légataire, mais par celui qui perçoit un émolument de la volonté du défunt, *ab eo præstandum qui aliquid commodi sentit ex judicio defuncti.*

L'héritier ou le légataire, qui est chargé d'un fidéicommis, et qui est en demeure d'en faire la restitution, est tenu envers le fidéicommissaire des fruits et de tous les revenus et intérêts de la chose laissée par fidéicommis, à compter de la demande du fidéicommissaire, ou même à compter de l'ouverture du fidéicommis, s'il l'avait retenu de mauvaise foi.

Il est tenu de prendre de l'hérédité, ou de la chose laissée par fidéicommis, le même soin qu'un dépositaire, c'est à dire seulement *de latâ culpâ.*

### *Des fidéicommis tacites.*

Il est des fidéicommis qui ne sont pas approuvés par la loi; ce sont ceux qui sont faits en faveur de personnes incapables de recevoir par un testament, ou déclarées telles par les lois.

Pour frauder ou éluder la loi, on a imaginé les fidéicommis tacites.

Un fidéicommis tacite est une libéralité faite au profit d'une personne indigne, ou déclarée incapable par la loi, et adressée à une autre personne capable, qui prête tacitement son ministère au testateur, ou au donateur, lui promettant de rendre la chose donnée à la personne qu'il veut en favoriser, quoique incapable de la recevoir.

Les fidéicommis tacites sont expressément défendus par les lois romaines s'ils sont faits en faveur de personnes incapables. La loi première, au code *de delatoribus*, porte qu'il n'y a pas lieu à dénoncer un fidéicommis tacite s'il est fait en faveur d'une personne capable de recevoir; car, ajoute-t-elle, il est défendu de laisser tacitement à ceux qui sont incapables de recevoir ce qui leur serait laissé expressément et publiquement.

Les lois romaines même avaient prononcé une peine contre l'héritier ou légataire qui aurait prêté son ministère pour favoriser un fidéicommis fait tacitement à une personne incapable.

La loi XI ff., *de his quæ ut indignis auferuntur*, punit de la privation de la quarte falcidie celui qui a donné secrètement sa foi au testateur contre les lois, *qui tacitam fidem contrà leges accomodaverit*, au moins pour la portion de l'hérédité, ou du legs, sur laquelle il a fraudé la loi, *in eâ parte quâ fraudem adhibuit*. Et, suivant la loi XVIII *in ppio ff. eod. tit.*, celui qui s'est chargé, en fraude de la loi, de rendre un fidéicommis tacite, est tenu de restituer aux héritiers légitimes les fruits qu'il a perçus même avant la demande judiciaire *ante litem motam*.

S'il en faut croire Argou, au titre des substitutions et fidéicommis, t. I.er, page 381, il n'était pas privé de la succession ou du legs qu'il devait rendre à une personne incapable; mais on se contentait de le punir de la peine portée par la loi. Domat dit, au contraire, page 528, qu'en ce cas il contracte l'engagement de restituer aux héritiers ce qu'il peut avoir reçu à ce titre, avec les fruits et les intérêts. Nous pensons que la décision de Domat doit prévaloir, en ce qu'elle est absolument conforme à la loi XLVI ff. *de hered. petit.*

Les fidéicommis tacites sont prohibés en France, tant en pays de droit écrit qu'en pays coutumier. Ainsi, un fidéicommis qui aurait été fait tacitement dans la coutume de Paris, par l'un des conjoints au profit de l'autre, serait nul, suivant l'art. CCLXXXII de cette coutume.

Il en serait de même de celui qui serait fait en faveur d'un étranger, d'un homme mort civilement, et en général de tous ceux à qui la loi ou les coutumes défendent de recevoir par un testament.

La preuve des fidéicommis tacites peut se faire par des écrits, s'il y en a; mais comme ces fidéicommis sont fort secrets, et qu'il n'arrive guère qu'il intervienne des actes quelconques par écrit, on est obligé, s'il y a quelque forte présomption, d'en venir à la preuve testimoniale, ce qui est encore fort difficile, puisque ces sortes de conventions entre le testateur et l'héritier ou légataire, qui prête son nom pour le fidéicommis, se font ordinairement sans témoin.

Le parlement de Paris, par un arrêt du 24 janvier 1716, a jugé que, si l'on soupçonne qu'un legs est un fidéicommis tacite, on peut obliger le légataire d'affirmer qu'il ne prête point son nom pour une personne prohibée, et qu'il n'accepte point le legs pour le rendre.

*Comment peuvent être laissés les fidéicommis.*

On peut laisser un fidéicommis soit par testament, en chargeant l'héritier que l'on institue de restituer à une autre personne la totalité, ou une partie de la succession pour laquelle il est institué, soit par codicilles : si, par exemple, le testateur, sans avoir institué d'héritier, n'a fait que des legs, et a chargé son légataire, ou un de ses légataires, de remettre à un autre le legs ou partie du legs qu'il a reçu.

C'est le seul moyen de faire des fidéicommis en pays coutumier, où on ne reconnaît pas de testamens proprement dits; mais simplement des codicilles, puisque l'on institue point d'héritier, et qu'on nomme seulement des légataires soit universels, soit particuliers.

Par conséquent, le fidéicommis est valable, tant en pays de droit civil qu'en pays coutumier, s'il est fait par une clause codicillaire, qui est apposée au bas d'un testament, par laquelle le testateur déclare que, si sa dernière volonté ne peut valoir comme testament, il entend qu'elle vaille du moins comme codicille, *et de la meilleure manière qu'elle pourra valoir.*

D'où il résulte qu'en pays de droit écrit, si le testament n'est pas valable par le défaut de formalités ou autrement, et qu'ainsi l'institution d'héritier ne puisse avoir son effet, les dispositions particulières, telles que les legs et les fidéicommis, sont valables: et alors c'est l'héritier *ab intestat* qui est chargé de délivrer les legs et les fidéicommis.

Ce qu'on peut remarquer au sujet de la clause codicillaire, c'est que, quoi qu'elle pût être suppléée dans le droit romain lorsqu'elle n'était pas exprimée dans le testament, cependant, parmi nous, elle ne se supplée point; il faut qu'elle soit conçue en termes formels.

La raison en est que cette clause était reçue plus favorablement chez les romains qu'en pays coutumier, à cause des formalités embarrassantes qu'exigeait le droit romain pour la validité des testamens, au lieu qu'en pays coutumier les formalités, étant plus simples et moins multipliées, sont plus faciles à observer.

Les substitutions fidéicommissaires, ou fidéicommis, peuvent aussi, parmi nous, se faire par donations entre vifs, et sur-tout par contrats de mariage, et on les appelle contractuelles.

Elles ne diffèrent des substitutions testamentaires que parce qu'elles ne sont point révocables, et qu'elles sont beaucoup plus favorables que les autres.

*De la substitution usitée en pays coutumier.*

Les substitutions proprement dites, dont nous avons exposé les principes, n'ont lieu qu'en pays de droit écrit; mais on a admis en pays coutumier une autre espèce de substitution qui tire son origine de la loi *si furioso* XVI, § I ff. *De curatoribus furioso*, etc.

Cette loi porte en substance que le prêteur ne peut confirmer le curateur donné par le testament du père à son fils prodigue, à moins que ce père n'ait pris dans son testament des précautions pour la conservation des biens, si ce prodigue a des enfans.

Cette espèce de substitution est une modification de l'exhérédation que l'on appelait officieuse, et qui avait lieu chez les romains lorsqu'un fils dissipateur avait des enfans : dans ce cas, son père pouvait le déshériter, lui laisser seulement les alimens, et instituer les enfans de ce dissipateur. C'est la disposition expresse du § II de la même loi.

La substitution est plus favorable, parce qu'elle n'a pas l'odieux de l'exhérédation, qui est toujours une peine qu'un père prononce contre son fils, et que, par cette disposition, le père, en laissant à son fils l'usufruit des legs qu'il substitue à ses enfans, ne l'expose pas à tomber dans l'indigence, à laquelle il aurait pu être réduit par sa prodigalité, et, en même tems, conserve ces mêmes biens pour assurer la fortune, ou au moins l'existence de ses enfans.

Trois conditions sont requises pour la validité de cette sorte de substitution :

1°. Les parens doivent réserver quelque chose à leurs fils; autrement ce serait une véritable exhérédation, qui ne pourrait valoir sans une des causes pour lesquelles il est permis aux pères et mères d'exhéréder leurs enfans.

2°. Les pères et mères doivent faire la substitution entièrement au profit de leurs petits-enfans.

3°. Et, enfin, il faut qu'ils allèguent la cause qui les a portés à faire cette substitution.

Si les motifs allégués sont constatés, la substitution est valable; mais s'ils sont faux, et que le grevé de substitution en poursuive la nullité, elle doit être déclarée nulle.

On voit, par cet exposé, que cette espèce de substitution n'avait été introduite que pour donner aux pères et mères un moyen d'arrêter la dissipation de leurs fils, et d'empêcher qu'ils ne se réduisissent, ainsi que leurs enfans, à une extrême nécessité.

On a donné ensuite une plus grande extension aux substitutions, et elles ont été admises même dans les cas où ces inconvéniens ne sont pas à craindre.

Un père ou une mère peut grever son fils de substitution, mais seulement pour l'excédent de sa légitime, pourvu que leur disposition ne soit accompagnée d'aucune note qui flétrisse l'honneur et la réputation de leur fils.

Quoique les nouvelles lois aient aboli en France toutes les substitutions, nous avons cependant cru devoir en développer les principes généraux, attendu que c'est un point de jurisprudence important, qui peut encore donner lieu à plus d'une question de droit qui seraient soumises à la décision des tribunaux.

En effet, la loi du 25 octobre 1792, qui porte, art. I.er, que toutes substitutions sont interdites et prohibées à l'avenir, parle de celles qui n'étaient pas ouvertes à l'époque de sa publication, comme on le voit par l'art. II, qui déclare que les substitutions ouvertes *lors de la publication du présent décret*, n'auront d'effet qu'en faveur de ceux seulement qui auront alors recueilli les biens substitués, ou le droit de les réclamer.

D'où il suit que cette abolition a, à la vérité, un effet rétroactif pour toutes les substitutions faites par des dispositions antérieures à cette loi; mais que, si elles sont ouvertes, c'est à dire si le cas de la substitution est arrivé, elle aura son effet au profit de celui en faveur duquel elle est faite.

Si, par exemple, un père avait institué un de ses fils héritier, ou nommé légataire, et qu'il l'eût chargé de remettre l'hérédité, ou le legs à son petit-fils lorsqu'il aurait atteint l'âge de la majorité, s'il se trouve avoir atteint cet âge à l'époque de la publication de cette loi, comme il a droit de réclamer la délivrance des objets substitués, il doit recueillir la succession, ou le legs, en vertu de la substitution. A plus forte raison, celui qui avait déjà recueilli les biens substitués à l'époque de la publication de cette loi, doit-il y être maintenu, et jouir de l'effet de la substitution?

Ainsi, l'effet rétroactif de cette loi frappe toutes les substitutions faites avant son époque, mais qui n'étaient point ouvertes, et pour lesquelles le substitué n'avait pas encore eu le droit de réclamer.

Celle du 28 pluviôse an II s'explique formellement à cet égard, en disant que l'art. II de la loi des 25 octobre, et 14 novembre 1792, qui déclare les substitutions abolies et sans effet, ne parle point des effets passés, et que, si l'art. III conserve les droits acquis au principal des substitutions, il n'a pu entrer dans l'esprit de la loi de ne pas maintenir aussi les droits aux fruits qui auraient pu se trouver à cette époque acquis ou dus à un titre quelconque, prévu par l'ordonnance de 1747, et sur lesquels il y avait instance introduite long-tems avant la nouvelle loi, comme dans le cas où le grevé de substitution aurait été en retard de délivrer les objets substitués. Cette décision est d'autant plus juste, que les fruits, étant l'accessoire des objets substitués, doivent en suivre le sort. *Res accessoria sequitur sortem rei principalis.*

# DOUZIÈME LEÇON.

## PARAGRAPHE NEUVIÈME.

### *Des legs.*

Le legs est une espèce de donation faite par disposition de dernière volonté, et dont la délivrance doit être effectuée par l'héritier.

Le legs diffère de la donation entre vifs, principalement en ce qu'il est révocable jusqu'à la mort, au lieu que la donation entre vifs est irrévocable.

Le legs différait aussi des donations à cause de mort ; mais en France cette différence doit être regardée comme nulle, puisqu'en pays coutumier les donations à cause de mort ne sont valables qu'autant qu'elles sont revêtues des formalités des testamens, et que l'art. III de l'ordonnance de Louis XV, du mois de février 1731, abroge toutes donations à cause de mort, même en pays de droit écrit, à l'exception de celles qui seraient faites par contrat de mariage.

Autrefois, les legs devaient être conçus en termes directs et impératifs, *Titio do lego*, pour les distinguer des fidéicommis particuliers, qui se faisaient en termes indirects et précaires : *rogo te ut restituas Mœvio*. Mais depuis que Justinien a égalé en toutes choses les legs avec les fidéicommis, peu importe dans quels termes ils sont exprimés, pourvu que la volonté du testateur soit claire et précise, et que l'acte par lequel ces sortes de dispositions sont faites, comme testament ou codicille, soit valide et revêtu des formalités requises.

## § X.

*Qui sont ceux qui peuvent léguer, et à qui on peut léguer.*

Tous ceux qui sont capables de tester peuvent faire des legs; il serait inutile de répéter ici les principes qui ont été exposés dans la neuvième leçon, § II, sur la capacité ou l'incapacité de faire un testament.

Il en est de même de ceux qui sont capables

d'être légataires, comme ceux-là seuls peuvent l'être qui peuvent être institués héritiers ; les règles que nous avons exposées concernant ces derniers sont applicables aux légataires.

Nous nous contenterons de faire quelques observations sur la capacité de certaines personnes, tant en pays de droit écrit qu'en pays coutumier.

Quoiqu'en général quiconque n'est pas incapable d'être héritier puisse être légataire, il est quelques règles particulières qu'on peut distinguer de la règle générale.

Telle est celle qui concerne les alimens. L'on ne peut pas faire de legs à ceux qui sont condamnés à mort, ou à d'autres peines qui emportent mort civile, et cependant on peut leur léguer des alimens.

On peut, suivant le droit romain, léguer même à un héritier s'il y en a plusieurs, et dans ce cas, l'héritier-légataire peut exiger la délivrance de la chose qui lui est léguée par l'action de partage : c'est la disposition expresse de la loi XVII, § II, ff. *de legatis* 2°. : « *Si cui ex heredibus fuerit legatum, hoc deberi ei officio judicis familiæ ercisundæ manifestum est.* » Mais s'il n'y a qu'un seul héritier, il ne peut pas être en même tems légataire, car, ayant seul tous les biens de l'hérédité, il ne peut se devoir à soi-même un legs.

En pays coutumier, nul ne peut être héritier et légataire en même tems ; mais l'héritier, nommé légataire, peut opter, c'est à dire renoncer à l'une des deux qualités, et prendre celle qui lui paraît être plus avantageuse.

On ne peut pas instituer héritier une personne inconnue et incertaine; mais on peut faire un legs à une personne inconnue et même incertaine, pourvu que quelques circonstances fassent connaître l'intention et le motif du testateur, et que, par-là, on puisse savoir à qui il a légué: par exemple, si un testateur a légué une somme à celui qui lui rendrait tel service, et celui qui aurait rendu ce service serait légataire, quoique le testateur fût mort sans avoir su qui l'avait rendu. L. V, ff. *de rebus dubiis.*

## § X I.

### *Quelles choses on peut léguer.*

On peut léguer toutes sortes de choses, pourvu qu'elles soient dans le commerce:

Un testateur peut léguer non-seulement les choses qui lui appartiennent, mais encore celles qui appartiennent à son héritier, ou à une autre personne; non-seulement les choses corporelles, mais même les choses incorporelles, telles qu'une servitude, une obligation; non-seulement les choses actuellement existantes, mais celles à venir, c'est à dire qui existeront, comme les fruits d'une récolte future.

Comme on ne peut léguer que les choses qui sont dans le commerce, il est clair qu'on ne peut valablement léguer les choses publiques, c'est à dire qui sont destinées à l'usage public. *Campum martium, aut forum romanum, vel ædem sacram legari non posse constat. L. XXXIX, § perult. et ult., ff. de legatis*, 1°. Le légataire n'aurait pas même l'estimation de ces objets.

Il en serait autrement si un testateur avait légué la chose d'autrui.

## § XII.

*Du legs fait d'une chose qui n'appartient pas au testateur.*

Nonobstant la maxime si connue : *nemo rei alienæ legem dicere potest*, suivant laquelle personne ne peut disposer de ce qui appartient à autrui, un testateur peut léguer une chose qui ne lui appartient pas, et qui appartient à une autre personne, soit à son héritier, soit à un étranger.

Il y a une différence à remarquer entre le legs fait par le testateur d'une chose qui appartient à l'héritier, et celui de la chose d'une autre personne.

Le legs de la chose appartenant à l'héritier est valable, soit que le testateur la croie sienne, soit qu'il sache qu'elle appartient à son héritier; au lieu que, pour la validité du legs de la chose d'autrui, il faut que le testateur ait su que la chose léguée ne lui appartenait pas.

La raison de différence entre ces deux espèces de legs est qu'on présume plus facilement que le testateur ait eu intention de charger son héritier de donner au légataire une chose qu'il a en sa possession, que de le charger d'acheter d'un autre ce qu'il n'a pas, d'autant plus que l'héritier est suffisamment indemnisé par la succession qu'il recueille, surtout s'il la tient de la disposition du testateur. Au contraire, dans le legs d'une chose qui n'appartient ni au testateur, ni à l'héritier, il est nécessaire que le disposant ait su qu'effectivement elle ne lui appartenait pas, parce qu'on présume toujours qu'il n'a voulu léguer que son bien.

C'est au légataire à prouver que le testateur savait que la chose léguée appartenait à un autre; car on ne présumera pas que le testateur ait disposé sciemment de la chose d'autrui, si le légataire n'en fournit pas la preuve.

Cette preuve une fois établie, l'héritier doit délivrer la chose léguée, s'il peut l'acheter à un prix raisonnable; et si le propriétaire ne veut pas la vendre, l'héritier doit en donner l'estimation, attendu que l'intention du testateur est que le légataire profite du legs.

On ne peut donc pas dire que, dans cette espèce, le testateur dispose de la chose d'autrui, mais bien de la sienne, savoir du prix de la chose léguée qui se trouve dans ses biens, soit pour que l'héritier fasse l'acquisition de la chose léguée, à l'effet de la délivrer au légataire, soit pour qu'il lui en compte la valeur.

Si le testateur a légué une chose qui ne lui appartenait pas, et que le légataire l'ait acquise du propriétaire, du vivant du testateur, il faut distinguer s'il l'a acquise à titre onéreux : par exemple, à titre d'achat, ou à titre lucratif, comme, si le propriétaire lui en a fait une donation.

Dans le premier cas, le legs doit avoir son exécution, parce que l'intention du testateur était que le légataire eût la chose gratuitement, et l'héritier doit lui en payer l'estimation.

Dans le second cas, le legs est éteint, parce que l'intention du testateur, qui voulait que le légataire eût la chose à titre gratuit, est remplie, et que deux causes lucratives ne peuvent pas concourir ensemble sur la même personne et sur la même chose, *duæ causæ lucrativæ non possunt in eumdem hominem et in eamdem rem concurrere.*

Si la chose léguée était propre au légataire, le legs serait nul; car il ne pourrait acquérir un nouveau droit sur ce qui lui appartenait déjà, *quia quod proprium est ipsius, ampliùs ejus fieri non potest,* L. XIII, cod. *de legat.* On doit présumer que, si le testateur l'avait su, il n'aurait pas fait une telle disposition.

## § XIII.

*Du legs d'une chose incorporelle.*

Les choses incorporelles que l'on peut léguer sont les servitudes et les obligations.

*Du legs des servitudes.*

On a vu, dans les deux dernières leçons du premier cahier de ce Cours, qu'elles s'établissaient par contrat ou par testament : par conséquent on peut léguer à quelqu'un une servitude, ou en établir une à son profit, et à la charge de l'héritier, sur un fonds de l'hérédité, telle qu'un droit de passage, un droit de mur mitoyen, un droit de puiser de l'eau, et autres servitudes réelles. Il en est de même des servitudes personnelles, telles que l'usufruit, l'usage et l'habitation.

Lorsqu'un testateur lègue l'usufruit d'une maison ou d'un fonds, la condition du légataire sera la même que de tous autres usufruitiers, et sa jouissance aura la même étendue et les mêmes bornes. Ainsi, les règles qui ont été exposées, dans le premier cahier, sur les avantages et les charges d'un usufruitier, doivent être appliquées au légataire.

Si un testateur a légué une portion des revenus d'un certain fonds, et que l'héritier vienne à vendre ce fonds, le legs n'en subsistera pas moins, car il ne dépend pas du fait de l'héritier de priver le légataire de l'effet des dispositions du testateur.

Cette portion de revenus ne sera pas réglée sur l'intérêt du prix de la vente, mais sur le revenu effectif du fonds, attendu que l'intention du testateur doit être exécutée, et qu'il a voulu que ce legs fût de ce que pouvait produire chaque année le fonds, quant à la portion qu'il a léguée.

Il ne faut pas confondre le legs d'un usufruit avec celui d'une certaine somme, ou d'une certaine quantité de grains ou autres choses, que le testateur ferait par forme de pension, à payer chaque année au légataire, ou pendant un certain tems, ou pendant sa vie : il y a plusieurs différences entre ces deux espèces de dispositions :

1°. Dans le legs d'usufruit, le légataire a une jouissance incertaine, et peut percevoir plus ou moins, et même quelquefois rien, parce que sa jouissance dépend de la récolte qui peut être plus ou moins abondante, ou nulle. Au contraire, le legs annuel d'une certaine quantité est toujours le même, et quand il serait assigné à prendre sur les récoltes de chaque année, il ne laisserait pas d'être dû lorsqu'il n'y aurait aucune récolte, pourvu que celles des années précédentes pussent y suffire.

2°. Un legs d'usufruit est un legs unique d'un droit de jouir tant qu'il durera, soit pendant la vie du légataire, soit pendant un tems déterminé par le testateur, au lieu que le legs annuel contient autant de legs qu'il pourra durer d'années.

3°. Un legs d'usufruit ne peut être perpétuel, et passer aux héritiers du légataire, tandis qu'un legs annuel peut être perpétuel en faveur de quelque famille, ou en faveur d'une communauté telle qu'un hospice.

4°. Les legs annuels sont acquis au légataire quand l'année commence ; et lors même que ce legs annuel n'est que pour sa vie, s'il vient à mourir aussitôt qu'elle est commencée, l'année est dûe en entier ; mais le legs d'usufruit s'éteint par la mort du légataire lorsqu'il meurt avant la récolte, parce qu'il est incertain que la récolte ait lieu.

*Du legs d'une obligation.*

Le legs d'une obligation peut être considéré sous trois rapports différens :

Ou le testateur lègue à quelqu'un ce qui lui est dû par un autre, ou il lègue à son débiteur ce que celui-ci lui doit lui-même, c'est ce qu'on appelle *legatum liberationis*, ou, enfin, il lègue à son créancier ce qu'il lui doit.

Si un créancier légue à quelqu'un ce qui lui est dû par une autre personne, l'héritier n'est pas obligé de payer au légataire la somme dûe, parce que ce n'est pas lui qui doit ; mais il est tenu de lui céder ses actions, et de lui délivrer les titres de la créance. D'où il suit que le legs est nul si le tiers, dont on a légué la dette, ne doit rien au testateur ; car alors l'héritier n'a rien à délivrer.

Lorsqu'un créancier lègue à son débiteur ce que ce débiteur lui doit, le legs est valable ; mais l'effet de ce legs n'est pas de libérer de plein droit le débiteur légataire, parce que le legs n'est pas un moyen d'éteindre une obligation. Le droit du légataire se réduit à opposer une fin de non-recevoir à l'héritier, s'il veut exiger la dette, et à conclure contre lui à ce qu'il lui en donne quittance, *ut liberetur per acceptationem*, L. III, § III, ff. *de liberatione legatâ.*

Il faut observer néanmoins que ce legs, ainsi que tous les autres, ne fait aucun préjudice aux créanciers du testateur, qui sont toujours préférés aux légataires, *quia non solvuntur legata nisi deducto œre alieno*, et le débiteur légataire de ce qu'il doit ne sera libéré qu'en cas qu'il y ait assez de bien dans l'hérédité pour satisfaire tous les créanciers, et pour la falcidie qui est dûe à l'héritier.

Enfin, si un débiteur lègue à son créancier ce qu'il lui doit, le legs est valable, pourvu qu'il y ait plus dans le legs que dans la créance. Or, il peut y avoir plus dans le legs que dans la créance dans trois cas:

1°. Si le testateur doit 100 fr., et qu'il lègue 150 fr. a son débiteur.

2°. Si la créance du testateur est à plusieurs usances, c'est à dire à longue échéance, et qu'il lègue la somme payable à vue, ou à un terme moins éloigné, ou s'il doit sous condition, et qu'il charge son héritier de payer purement et simplement sans avoir égard à la condition.

3°. Si le débiteur ordonne par son testament que la dette sera payée au créancier dans un lieu où il lui sera plus avantageux de la recevoir : par exemple, si, le débiteur et le créancier étant à Paris, l'obligation a été faite sur Bordeaux, et que le débiteur lègue à son créancier la même somme payable à Paris, le legs sera valable, parce que le créancier a intérêt à ne pas se déplacer pour en percevoir le montant.

## § X I V.

*Du legs des choses qui n'existent pas.*

Le legs des choses qui n'existent pas encore, mais qui peuvent exister, est conditionnel. Si donc un testateur a légué les fruits qui proviendront de tel fonds, ou les petits qui naîtront de tel troupeau, ou de tel bétail, et que le fonds et le troupeau, ou le bétail, n'aient rien produit, le legs est éteint, et l'héritier est libéré.

## § X V.

*Du legs fait à plusieurs personnes, et du droit d'accroissement.*

On peut léguer la même chose à plusieurs personnes, et, dans ce cas, les légataires sont joints ensemble par le testateur.

Cette jonction peut se faire de trois manières : ou par paroles seulement, ou par la chose seulement, ou par la chose et par les paroles.

Par parole seulement, lorsque le testateur lègue une même chose à plusieurs personnes, et qu'il la leur distribue entre eux : par exemple, je lègue à Pierre et à Paul ma maison par égales portions.

Dans ce cas, il n'y a pas lieu au droit d'accroissement, parce que la part de chacun des légataires est faite par la disposition même du testateur, et qu'il n'y a lieu au droit d'accroissement que lorsque les parts ne sont pas faites.

Le droit d'accroissement est le droit qu'a un légataire de recueillir la totalité de la chose léguée, à défaut de celui qui lui a été joint par le testateur.

Les légataires sont joints par la chose seulement, lorsque le testateur lègue la même chose à deux personnes différentes par deux clauses séparées : par exemple, *je lègue ma maison à Pierre, je lègue ma maison à Paul.* Ils le sont par la chose et par les paroles, lorsque le testateur lègue le même objet à deux personnes par la même clause, sans faire la part de chacun des légataires : *Je lègue ma maison à Pierre et à Paul.*

Dans ces deux dernières espèces, les deux légataires, ne pouvant posséder solidairement, ont chacun la moitié de l'objet légué, non par la distribution du testateur, mais par la nature de la chose. Et le droit d'accroissement a lieu entre ces légataires dans les deux cas, c'est à dire que si l'un des deux décède avant le testateur, ou s'il refuse, ou ne peut, par d'autres motifs, recevoir le legs, sa portion appartient à l'autre légataire.

# TREIZIÈME LEÇON.

## PARAGRAPHE SEIZIÈME.

### *Des différentes espèces de legs.*

On peut distinguer cinq espèces de legs, attendu que chacun a des règles qui lui sont particulières : savoir, le legs universel, le legs particulier, le legs de choses mobiliaires, le legs pieux et le legs pénal.

### *Du legs universel.*

Le legs universel n'est usité qu'en pays coutumier, où il tient lieu de l'institution d'héritier, mais les legs particuliers sont en usage tant en pays de droit écrit qu'en pays coutumier.

On appelle legs universel celui qui est fait de tous les biens d'un testateur, ou de tout un genre de biens, ou d'une partie et quotité, sans autre spécification particulière.

Ainsi, le legs est universel lorsque le testateur a légué tous ses meubles et ses acquêts ; il est même universel s'il a légué ou tous ses meubles, ou tous ses acquêts : mais si le testateur a légué tout le linge, tout l'argent monnayé, ou tous les meubles qui sont dans une maison particulière, on ne peut considérer ces dispositions que comme des legs particuliers, parce qu'un legs universel comprend tous les droits généraux qu'avait le défunt : par exemple, tous les meubles et effets mobiliers, et droits qui sont réputés meubles, en quelque lieu, et par quelque personne qu'ils soient dûs.

En général, on ne doit reconnaître que trois sortes de legs universels : savoir, de tous les meubles et effets mobiliers, de tous les acquêts et de la portion des propres dont il est permis de disposer.

Par conséquent, dans la coutume de Paris et autres, le legs du quint des propres du testateur est un legs universel, parce que c'est la seule portion dont la coutume lui permette de disposer.

Il suit de là aussi que, suivant nos nouvelles lois, qui ont aboli la distinction entre les propres et les acquêts, le legs de tout ce que la loi met à la disposition du testateur est un legs universel, quoiqu'il ne comprenne pas la totalité de sa succession.

Ainsi, un legs sera réputé universel lorsqu'un testateur aura légué les trois quarts ou la moitié de ses biens, suivant les degrés des parens qu'il laisse à son décès, d'après la disposition de la loi du 4 germinal an VIII, art. III ; que nous avons exposé dans la dixième leçon de ce cahier, § V.

Le legs même que fait un testateur, qui a des héritiers en ligne directe, du dixième de son bien, est un legs universel, puisque, dans ce cas, la loi ne lui permet pas de disposer d'une plus grande quantité de ses biens. Loi du 17 nivôse an II, art. XVI.

A l'égard du legs universel des meubles, il faut remarquer que tout ce qui est mobiliaire ne doit pas être compris indistinctement dans le legs, quoiqu'il soit conçu en termes généraux et universels. Ce sont les expressions du testateur qui doivent déterminer ce qui peut y être compris.

Pour savoir, par exemple, si l'or et l'argent monnayé d'un testateur est compris dans le legs universel qu'il a fait de tous ses meubles, il faut distinguer : Ou le testateur a dit : je lègue à Paul tous les meubles qui m'appartiennent, *de quelque nature et qualité qu'ils soient*; ou il a dit simplement : je lègue tous mes meubles, sans ajouter : *de quelque nature et qualité qu'ils soient*.

Dans le premier cas, l'or et l'argent monnayé sera compris dans le legs universel des meubles, à moins que le testateur ne l'ait notoirement destiné à quelque acquisition.

Dans le second cas, l'or et l'argent monnayé ne fera point partie du legs universel, mais seulement les meubles-meublans, et ceux qui servent à l'usage ordinaire.

Il est de principe que le légataire, quel qu'il soit, ne peut pas s'emparer de la chose léguée, et qu'il doit en demander la délivrance à l'héritier. Ainsi, quoique le légataire universel de tous les biens dont le testateur a pu disposer, y tienne lieu d'héritier en plusieurs choses, cependant, comme il n'est point véritablement héritier, puisque le droit coutumier ne reconnaît d'autre héritier que celui du sang, il doit s'adresser à l'héritier légitime pour obtenir la délivrance de son legs.

Le légataire universel, comme tenant la place de l'héritier, est obligé de délivrer tous les legs particuliers, après les dettes payées; mais il n'est tenu des dettes que jusqu'à la concurrence de ce qu'il perçoit de la succession, pourvu qu'il ait fait inventaire des biens laissés par le défunt. Il n'a pas besoin d'obtenir des lettres de bénéfice d'inventaire, parce qu'il ne peut pas y avoir de confusion des biens du testateur et du légataire universel.

### *Du legs particulier.*

Le legs particulier est celui qui est fait d'une chose particulière, comme d'une maison, d'une métairie, d'un ou de plusieurs meubles désignés par le testateur.

Il y a cette différence entre les legs particuliers et les legs universels, que les légataires universels sont en lieu et place de l'héritier, et qu'ainsi ils sont tenus de payer les dettes héréditaires à proportion de l'émolument qu'ils retirent de sa succession, au lieu que les légataires particuliers ne sont tenus d'aucune dette, pas même de celles qui seraient hypothéquées sur la chose léguée, ou pour le paiement desquelles elle serait spécialement obligée affectée; et, en cas de poursuite des créanciers du défunt, le légataire a son recours contre l'héritier qui doit le faire jouir paisiblement.

*Du legs de choses mobiliaires.*

Ce n'est que par les termes du testateur qu'on peut juger de ce que comprend le legs des choses mobiliaires : si donc le testateur a légué simplement les meubles qui sont dans une telle maison, il n'a pas entendu léguer les grains ou autres fruits, et objets de consommation à lui appartenans, qui se trouveraient dans cette maison au jour de son décès.

Il en est de même de l'argent comptant, des obligations, actions ou dettes actives du testateur, qui ne font point partie du legs des meubles, à moins que le testateur n'ait exprimé positivement son intention sur ces objets.

*Du legs pieux.*

On appelle legs pieux ceux qui sont destinés à quelque œuvre de piété, tels qu'étaient autrefois les legs d'ornemens, ou autres décorations pour le culte; tels seraient encore aujourd'hui les legs faits à un hôpital, ou aux pauvres en général : dans ce dernier cas, le legs serait applicable à l'hôpital du lieu où le testateur avait son domicile, et s'il n'y avait pas d'hôpital, aux pauvres de la commune où il aurait été domicilié.

Les legs pieux n'étaient point sujets à la falcidie,

ni aux dimensions ou retranchemens que le testateur aurait faits aux legs par des codicilles postérieurs.

*Du legs pénal.*

Le legs pénal est celui dont le testateur charge son héritier, pour le punir au cas qu'il fasse ou ne fasse pas quelque chose : par exemple, si le testateur a dit : *Si mon héritier donne sa fille en mariage à Titius, ou si mon héritier ne donne pas sa fille en mariage à Titius, il donnera cent écus à Mævius.*

Ces sortes de legs, qui étaient valables suivant la loi des Douze Tables, qui avaient été abolis par l'empereur Antoine, et remis en vigueur par Justinien, avaient lieu parmi nous : mais on doit les regarder comme non admissibles dans notre nouvelle jurisprudence, d'après la disposition de la loi du 5 septembre 1791, dont voici la teneur :

« Toute clause impérative ou prohibitive qui serait « contraire aux lois ou aux bonnes mœurs, qui por- « terait atteinte à la liberté religieuse du donataire, « héritier ou légataire, qui gênerait la liberté qu'il a « soit de se marier avec telle personne, soit d'embras- « ser tel état, emploi ou profession, ou qui tendrait « à le détourner de remplir les devoirs imposés, et « d'exercer les fonctions déférées par la constitution « aux citoyens actifs et éligibles, est réputée non « écrite. »

Assurément, une clause pénale d'un testateur qui

l'obligerait d'unir sa fille à Titius, ou qui l'empêcherait de le lui donner pour époux, serait contraire à la liberté naturelle non-seulement de l'héritier, qui, comme père, a plus de droit que personne de disposer de la main de sa fille dont il est censé connaître mieux les intérêts que qui que ce soit, mais encore à celle de sa fille qu'une telle clause gênerait dans le droit qu'elle a de choisir un époux du consentement de son père. Il n'y a donc pas de doute que de pareilles dispositions ne soient totalement contraires, au moins, à l'esprit de cette loi, et qu'ainsi nous ne devions les regarder comme nulles et non avenues. On peut faire plus directement encore l'application de cette loi au legs fait par un mari *à sa femme, à condition qu'elle restera veuve.* Cette clause était admise parmi nous, en vertu de l'authentique *cui relictum*, code *de indictâ viduitate*, qui porte qu'une veuve qui se remarie perd le legs qui lui a été fait par son premier mari, à condition qu'elle demeurerait à viduité. Cette clause devrait être regardée comme nulle d'après la même loi du 5 septembre 1791.

## § XVII.

### *Comment peuvent se faire les legs.*

Un testateur peut faire un legs ou purement et simplement, c'est à dire sans fixer de terme ou de condition, ou il peut le faire à certain terme, ou sous certaine condition.

Le legs qui est fait purement et simplement est dû aussitôt après la mort du testateur, même avant l'adition d'hérédité, c'est à dire avant que l'héritier institué se soit porté héritier : mais le légataire ne peut le demander qu'après l'acceptation de l'hérédité faite par l'héritier, puisqu'avant cette acceptation, il n'y a personne à qui le légataire puisse en faire la demande, quoique l'hérédité vacante doive effectivement le legs.

Celui qui est fait à certain terme est dû aussi du moment de la mort du testateur ; mais la demande n'en peut être faite qu'après l'expiration du terme prescrit par le testateur.

Enfin, le legs fait sous condition n'est dû que quand la condition est arrivée ; c'est en quoi la condition, sous laquelle un legs est fait, diffère du terme que le testateur a fixé pour en faire la délivrance.

L'effet de la condition est de suspendre même l'obligation, au lieu que la fixation du terme ne suspend pas l'obligation, mais seulement de l'exécution de cette obligation.

Il faut observer que si le legs est fait sous une condition impossible, ou contre les bonnes mœurs, le legs est censé fait purement et simplement, et la condition est rejetée comme nulle : *Conditio impossibilis pro non scriptâ habetur.*

On ne doit pas confondre la cause d'un legs avec la condition sous laquelle il est fait ; car la condition est le cas auquel le testateur veut que le legs soit délivré, et si ce cas n'a pas lieu, le legs est nul ; au lieu que la cause est le motif qui a déterminé la disposition du testateur, ou la destination qu'il desire donner à la chose léguée.

A cet égard, il y a une distinction à faire : ou la cause indiquée par le testateur regarde le passé, ou elle regarde l'avenir.

Si elle regarde le passé, quand elle se trouverait fausse, le legs n'en subsisterait pas moins : si, par exemple, le testateur a dit : je lègue à Pierre, parce qu'il a eu soin de mes affaires, quand le légataire ne s'en serait pas occupé, le legs serait bon suivant la maxime : *falsa causa non vitiat legatum.*

Si la cause du legs regarde l'avenir, comme si le testateur a dit : je lègue 10,000 francs à Paul pour faire bâtir une maison, ce n'est pas une cause, c'est un legs fait *sub modo,* qui indique l'emploi auquel le testateur destine la somme qu'il lègue : cette clause ne peut être considérée comme une condition, le legs n'est point suspendu, il est dû dès le moment de la mort du testateur; mais il faut, pour que le légataire profite de la libéralité du défunt, qu'il fasse, des deniers légués, l'emploi désigné par le testateur; l'héritier peut même obliger le légataire d'en donner caution, sans pour cela différer la délivrance du legs, qui, seul, peut fournir au légataire le moyen d'exécuter la volonté du testateur. Cette obligation, imposée au légataire, ne doit pas être regardée comme une condition potestative, c'est à dire qui dépende de la volonté du légataire, comme si le testateur avait dit : je lègue

10,000 francs à Pierre s'il bâtit telle maison, cette condition suspendrait l'obligation de livrer le legs, et le légataire ne pourrait le demander que lorsqu'il aurait bâti la maison, au lieu que, dans l'autre espèce, le legs n'est point suspendu, et le légataire peut obtenir la délivrance du legs, pourvu qu'il donne caution de bâtir la maison.

## § XVIII.

*De l'accroissement ou augmentation, et de la perte de la chose léguée.*

L'accroissement ou l'augmentation de la chose léguée, que l'on appelle *incrementum*, arrivé avant que le legs commence à être dû, est au profit du légataire.

C'est à dire que l'accroissement d'un legs fait purement et simplement, qui est survenu du vivant du testateur, est dû au légataire; et si le legs a été fait à terme, tout l'accroissement survenu à la chose léguée avant la mort du testateur, est également au profit du légataire, parce que le legs fait à terme est dû dès le moment du décès du testateur, quoiqu'il ne soit pas exigible avant le terme; enfin, si le legs est conditionnel, l'accroissement, qui peut être survenu à la chose léguée avant l'évènement de la condition, appartient au légataire, parce que ce legs n'est ni dû, ni exigible que du moment que la condition a eu lieu.

D'après ces principes, lorsqu'un testateur a légué, par exemple, un troupeau de brebis, toute l'augmentation, qui sera survenue à ce troupeau avant le jour où le legs commence à être dû, est au profit du légataire, parce que le testateur n'a pas légué le troupeau tel qu'il était lors de son testament, mais tel qu'il serait à l'époque où le legs serait dû, c'est à dire ou à l'époque de la mort, ou à celle de la condition qu'il aurait jugé à propos d'apposer au legs. *Grege legato etiam eas oves, quœ per testamentum factum gregi adjiciuntur, legato cedere julianus, ait*, § XVIII. *Institut. de legat.*

Mais l'augmentation survenue à la chose léguée postérieurement à l'époque où le legs a commencé à être dû, s'il n'a pas tenu à l'héritier d'en faire plutôt la délivrance, tourne à son profit, et non à celui du légataire, parce qu'il n'est tenu de délivrer la chose léguée que telle qu'elle était à l'époque où le legs a commencé à être dû.

Il ne faut pas entendre par *accroissement* ou *augmentation* les fruits ou autres revenus que pourrait produire la chose léguée ; car ils ne sont dûs au légataire qu'après sa demande : mais si l'héritier était de mauvaise foi, comme s'il avait tenu caché le testament, ou le codicille, il devrait non-seulement tous les fruits depuis la mort du testateur, mais les dommages et intérêts.

En général, ce que nous avons dit de l'accroissement ou de l'augmentation de la chose léguée doit s'entendre de l'augmentation qui ne résulte pas de la chose même, et que la chose elle-même n'a pas produite, mais qui provient d'une autre cause, d'où on peut conclure que l'augmentation du troupeau, qui proviendrait des petits qu'avaient faits les brebis, étant considérée comme fruits, ne devrait pas être comprise dans la disposition du paragraphe de Justinien que nous venons de citer, puisque Justinien lui-même compare un édifice à un troupeau. *Est autem gregis unum corpus distantibus capitibus, sicut ædium unum corpus ex cohærentibus lapidibus*: or, *domus domum non parit*, par conséquent, Justinien n'entend pas parler des productions des diverses têtes du troupeau, que l'on peut regarder comme fruits parce qu'elles naissent de la chose même, mais de celles qui s'y trouveraient ajoutées par d'autres causes.

De même que l'accroissement de la chose léguée appartient au légataire s'il est arrivé avant que le legs fût dû, c'est à dire avant la mort du testateur, si le legs est fait sans terme ni condition, de même la diminution ou la perte de la chose léguée est à la charge du légataire dans le même cas. On peut appliquer ici ce que dit Justinien dans le même § XVIII, H. T., que nous venons de citer, que, si on a légué un troupeau, et qu'ensuite ce troupeau se trouve réduit à une seule brebis, ce qui reste du troupeau peut-être revendiquée par le légataire: par conséquent, le légataire supporte toute la perte que le legs a éprouvée avant qu'il fût dû, et comme dit Vinnius sur ce paragraphe : *In summâ grex legatam crescit et decrescit.*

Il y a cependant une distinction à faire sur la perte ou la diminution de la chose léguée : ou elle est arrivée par la faute de l'héritier, ou par un accident qui lui soit étranger.

Si la chose a péri par la faute de l'héritier, même par la plus légère négligence, *levissimâ culpâ*, la perte est à la charge de l'héritier, parce que chacun est responsable de son propre fait : mais si la perte de la chose est survenue sans qu'il y ait de la faute de l'héritier, ni qu'il ait été en retard d'en faire la délivrance, le legs est perdu pour le légataire.

Cela, néanmoins, doit s'entendre du legs consistant en une certaine espèce, comme quand le testateur a légué tel fonds, ou tel cheval : mais s'il a légué des choses qui consistent *en nombre, poids ou quantité*, ou autrement dit des choses fungibles, comme du vin, de l'huile, du bled, de l'argent monnayé, la perte qui en survient ne tombe point sur le légataire, mais sur l'héritier, parce que *genera et quantitates per rerum naturam non pereunt.*

## § XIX.

*De la révocation du legs faite par le testateur.*

Un legs est révoqué, ou expressément ou tacitement : expressément, si, après avoir dit dans son testament : *Je donne et lègue telle chose à Titius*, il dit dans la suite du même testament, ou dans un autre fait postérieurement, ou dans des codicilles : *Je ne donne pas, je ne lègue pas, ou je révoque le legs que j'ai fait à Titius.*

Il est révoqué tacitement par une disposition postérieure au testament, qui dénote qu'il a changé de volonté, comme s'il a disposé de la chose léguée en faveur d'un autre, ou s'il l'a vendue sans y être forcé par la situation de ses affaires.

---

# QUATORZIÈME LEÇON.

## PARAGRAPHE VINGTIÈME.

### *De l'exécution des testamens.*

L'EXÉCUTION d'un testament est naturellement la charge de l'héritier, puisqu'il est saisi de plein droit de tous les effets de la succession : aussi ne voit-on pas, ou presque point, d'exemples, en pays de droit écrit, d'exécuteurs testamentaires nommés par les testateurs.

Il en est autrement en pays coutumier, où le testateur ne peut pas se choisir d'héritier, vu que les coutumes n'en reconnaissent pas d'autre que celui du sang.

La nomination d'un exécuteur testamentaire, en

pays coutumier, peut souvent être nécessaire, parce que les héritiers du sang ne voient pas de bon œil les dispositions du testateur, qui ne leur seraient pas favorables, et qu'ils pourraient chercher des moyens d'en éluder l'exécution.

L'exécuteur testamentaire ne peut être nommé que par le testateur, et s'il n'en a pas nommé, c'est aux héritiers légitimes ou testamentaires à se charger du soin de l'exécution du testament.

En pays coutumier, ce soin ne peut appartenir qu'aux héritiers du sang, puisqu'il n'y en a point de testamentaires.

Cependant, la qualité d'exécuteur testamentaire n'est point incompatible avec celle de légataire, pourvu qu'il ait été chargé de l'exécution par le testateur. Et dans ce cas, s'il accepte le legs, il est tenu d'exécuter le testament, et s'il refuse de s'en charger, il est privé du legs.

Si le défunt a nommé deux exécuteurs, et qu'il leur ait légué une somme d'argent, tous deux doivent se charger conjointement de l'exécution du testament, et celui des deux qui s'y refuse est déchu de sa portion dans la somme léguée; mais sa portion n'accroît point à l'autre exécuteur testamentaire, à moins qu'ils n'aient été joints *in re legatâ*. Dans ce cas, celui des deux qui se charge de l'exécution aura toute la somme; autrement, la part du défaillant retourne aux héritiers.

### *Qui sont ceux que le testateur peut nommer exécuteurs testamentaires.*

Le testateur est absolument le maître de choisir qui bon lui semble pour exécuteur testamentaire, pourvu qu'il ne se trouve dans aucune des incapacités prévues par la loi. Il pouvait cependant choisir sa femme, quoiqu'en pays coutumier le mari ne pût pas avantager sa femme par testament ; mais il faut considérer que la qualité d'exécuteur n'entraîne pas nécessairement celle de légataire : aussi, quoiqu'il soit d'usage de faire quelque legs modique à l'exécuteur testamentaire, le testateur ne pouvait rien donner au conjoint qu'il chargeait de l'exécution de son testament. Il en serait autrement d'après nos nouvelles lois, qui permettent aux conjoints de faire des dispositions en faveur du survivant, en observant les modifications dont nous avons parlé dans la dixième leçon, § VI.

Si le testateur a choisi, pour l'exécution de son testament, la femme d'un autre, elle ne peut s'ingérer dans cette exécution, sans y être préalablement autorisée par son mari, vu que l'exécuteur testamentaire est tenu à une reddition de compte.

Attendu que l'exécution d'un testament n'est pas, comme la tutelle, une charge publique, mais un office d'ami, celui qui est nommé n'est pas obligé d'accepter ; et s'il accepte, il n'est pas tenu de donner caution, parce que le choix que le testateur a fait de sa personne est l'effet de la confiance qu'il a dans son zèle et sa probité.

Le testateur peut, sans indiquer nominativement celui qu'il charge de l'exécution de ses dernières volontés, le désigner par sa charge, dignité ou qualité actuelle ou à venir : il peut, par exemple, nommer pour exécuteur testamentaire celui qui sera préfet de son département au jour de son décès.

*Des droits et obligations de l'exécuteur testamentaire.*

L'exécuteur testamentaire qui accepte cette charge est saisi, dès le moment de la mort du testateur, et pendant l'an et jour, de tous les biens-meubles, dettes et actions mobiliaires du défunt, jusqu'à concurrence de ce qui peut être nécessaire pour la délivrance des legs et le paiement des dettes mobiliaires.

Le premier devoir de l'exécuteur testamentaire est de faire faire inventaire des biens laissés par le défunt; après quoi il doit payer les frais funéraires, les dettes mobiliaires, et, en dernier lieu, faire la délivrance des legs.

Cet inventaire n'est sujet à aucune autre solemnité que la présence, ou au moins la convocation duement faite des héritiers présomptifs.

Le testateur peut dispenser son exécuteur de faire inventaire, pourvu qu'il soit du nombre de ceux à qui il peut léguer. D'où il résulte qu'il n'aurait pas pu, suivant la coutume, dispenser sa femme de cette formalité préalable, parce que cette décharge aurait pu passer pour un avantage indirect.

Il ne peut pas non plus décharger son exécuteur de l'obligation de faire l'inventaire, s'il y des dettes dans la succession, parce que l'héritier a intérêt, dans ce cas, qu'il soit fait inventaire, afin de pouvoir s'en tenir à la portion des propres que la coutume lui réserve, ou à celle qui lui revient d'après la loi, et faire régler les dettes entre lui et les légataires.

L'inventaire fait, l'exécuteur doit faire procéder à la vente publique des meubles, à laquelle l'héritier doit être appelé pour éviter tout soupçon, avec d'autant plus de raison, que, s'il se trouve beaucoup plus de meubles qu'il n'en faut pour l'exécution du testament, les héritiers peuvent empêcher qu'ils ne soient tous vendus, en désignant ceux qu'ils veulent qu'on vende, pourvu qu'ils soient suffisans.

Les legs ne peuvent être délivrés par l'exécuteur qu'après que la vente est terminée, et il ne doit pas le faire sans en avoir averti l'héritier, qui peut avoir des motifs légitimes d'en demander l'annullation ou la réduction; autrement, l'exécuteur en serait responsable en son propre et privé nom, s'ils venaient à être cassés ou réduits. Et s'il se trouve dans la nécessité de payer des dettes, en l'absence de l'héritier, comme pour cause de saisies qui seraient faites entre ses mains par les créanciers, il doit le faire ordonner en justice.

L'exécuteur testamentaire doit agir pour se faire payer les dettes mobiliaires de la succession. Sa charge expire après l'an et jour, et alors il doit rendre compte de son exécution.

Ce compte consiste en recette, dépense et reprise.

La recette est composée de tout ce qui a été reçu en argent ou autres effets par l'exécuteur testamentaire.

La dépense comprend tout ce qu'il a été obligé de payer pour frais funéraires, frais de justice, paiement des legs et des dettes qu'il a été contraint d'acquitter.

La reprise est composée de tout ce que l'exécuteur était chargé de recevoir, et qu'il n'a pas reçu, à cause de l'insolvabilité des débiteurs, sans qu'il y ait de sa faute.

## § XXI.

### *Des codicilles.*

Le codicille est un acte qui contient des dispositions à cause de mort sans institution d'héritier. Ces dispositions sont distinguées des testamens par deux caractères, l'un de leurs formalités, qui sont moindres que celles des testamens, comme nous l'avons vu dans la neuvième leçon, § I; et l'autre de leur usage, qui est borné aux legs et aux fidéicommis. Cette distinction est nécessaire dans les pays qui sont régis par le droit écrit, où l'institution d'héritier est de l'essence du testament ; mais elle est inutile en pays coutumier, où il n'y a pas d'héritier testamentaire.

Néanmoins, dans l'usage, on y distingue les testamens des codicilles : on appelle testament le premier acte par lequel une personne explique ses dispositions à cause de mort, et codicilles des actes subséquens par lesquels le disposant y ajoute ou change quelque chose.

Ceux-là seuls peuvent faire des codicilles, qui peuvent faire des testamens. Pour la validité des codicilles, on distingue, en pays de droit écrit, s'ils ont rapport à un testament, ou s'ils n'y sont point relatifs : s'ils ont rapport à un testament, ils en suivent le sort, et ils sont cassés si le testament l'est ; mais s'ils n'ont aucun rapport au testament, ils subsistent indépendamment du testament.

## § XXII.

### *De la falcidie.*

On appelle falcidie, du nom de *Falcidius*, tribun du peuple, qui en fut l'inventeur, le quart de l'hérédité que le droit romain affecte aux héritiers, réduisant les legs aux trois quarts des biens, de sorte que l'héritier ait au moins ce quart, et que les legs ne puissent l'entamer.

L'héritier prend le quart, qui lui revient en vertu de cette loi, sur tous les legs et sur tous les biens du défunt généralement, eu égard à leur quantité au tems de sa mort, et non au tems que le testament a été fait. Après avoir préalablement prélevé, 1°. les fonds nécessaires pour payer les dettes, au nombre desquelles il comprend ce qui peut lui être dû par le défunt; 2°. les frais funéraires, qui seraient même préférés aux dettes si la succession était insolvable; et dans ce cas, cette dépense doit être réduite à ce qui est d'absolue nécessité.

C'est donc après avoir fait ces premières réductions que les legs sont encore réduits aux trois quarts de la valeur qui leur reste. Par exemple : si un legs est de 20,000 francs, et que les dettes et frais funéraires se réduisent à 12,000 francs, l'héritier, ayant le droit d'en retirer encore le quart, le légataire ne recevra réellement que 9,000 francs.

Lorsqu'il est incertain si la falcidie aura lieu ou non, soit parce que le testateur aurait fait plusieurs legs sous condition, ou parce que les dettes ne sont pas encore déclarées, ou qu'il est survenu à l'héritier un procès dont l'issue est incertaine, on réglerait la falcidie sur les biens présens; et, à l'égard des prétentions de l'héritier et des légataires, ils régleraient entre eux les sûretés nécessaires pour se faire rendre justice.

Dans ce cas, l'héritier ne pourrait être contraint, par les légataires à la délivrance des legs, qu'en donnant par eux caution de lui restituer ce qu'ils auraient reçu au-delà de la falcidie; de même que l'héritier, qui ne serait pas tenu de comprendre les biens incertains dans le calcul de ceux de l'hérédité, s'obligerait envers les légataires d'augmenter les legs à proportion de la valeur réelle des biens.

L'usage de la falcidie avait été sagement introduit chez les romains pour assurer l'exécution des dernières volontés, en engageant l'héritier par un bénéfice, au moins certain, à se charger de l'hérédité, et à exécuter les dispositions du testateur. Aussi était-ce plutôt en faveur des testateurs que des héritiers que la quarte falcidie avait été établie: c'est pourquoi le testateur avait la faculté de défendre à son héritier d'en faire la retenue. Cependant, comme on peut faire des legs par un codicille, sans avoir nommé d'héritier, et qu'en ce cas l'héritier légitime est tenu des legs, il a aussi le droit de la falcidie; car la succession lui est autant dûe qu'à tout autre qui aurait été institué par un testament.

La falcidie est usitée en pays de droit écrit, où les testamens sont nuls sans institution d'héritier, encore faut-il que l'héritier ait fait inventaire des biens de la succession; car, autrement, il serait tenu de payer tous les legs sans aucune distraction.

Dans les pays coutumiers, l'institution d'héritier n'ayant point lieu, ou au moins n'étant pas en usage, la falcidie ne s'exerce ni en faveur des héritiers écrits, qu'on appelle légataires universels, ni en faveur des héritiers légitimes, attendu que les coutumes ont pourvu à ce que les testateurs ne disposassent que d'une certaine nature, et d'une quotité déterminée de biens. Ainsi, par exemple, comme dans la coutume de Paris, un testateur ne peut disposer que de ses meubles et acquêts, et du quint de ses propres, la falcidie est inutile, parce que les héritiers sont toujours assurés des quatre cinquièmes des propres. Il en est de même, à plus forte raison, suivant nos nouvelles lois qui, sans admettre aucune distinction entre les meubles et acquêts, et les différentes natures de biens, ont déterminé la quotité dont chacun pourrait disposer, eu égard à la qualité et aux degrés des parens que laisserait le défunt. Loi du 17 nivôse an II, § XVI, et loi du 4 germinal an VIII.

---

# QUINZIÈME LEÇON.

---

## *Des héritiers en général.*

Il serait inutile de donner ici les définitions et les distinctions des héritiers, parce qu'elles dérivent des principes que nous avons exposés dans le cours de ce cahier sur les successions tant *ab intestat* que testamentaires. Il suffira d'observer que le nom et la qualité d'héritier conviennent également à celui que la loi appelle à la succession, et à celui qui est institué par testament. Et quoique le droit coutumier diffère du droit écrit en ce que le premier, comme on l'a déjà remarqué, ne reconnaît d'autre héritier proprement dit que celui du sang, et que celui qui est écrit au testament n'est désigné, par les coutumes, que sous la dénomination de légataire universel, au lieu que le droit écrit qualifie indistinctement d'héritiers ceux qui sont appelés par la loi, et ceux qui le sont par un testament, cependant, les règles qui concernent les héritiers sont applicables à ceux que l'on nomme légataires universels en pays coutumier, avec cette différence que l'héritier, soit institué, soit légitime, est saisi de plein droit de tous les biens de la succession dès le moment du décès de celui auquel il succède, non-seulement en pays de droit écrit, mais même en pays coutumier, suivant cette maxime de la coutume de Paris : *Le mort saisit le vif ;* au lieu que le légataire universel est bien saisi de la propriété ; mais non de la chose, puisque, suivant les principes que nous avons vus, il ne peut pas s'emparer des objets qui composent le legs universel, mais qu'il doit en demander la délivrance à l'héritier présomptif.

Cela posé, nous traiterons dans cette leçon, 1°. des moyens d'acquérir l'hérédité ; 2°. des droits et des obligations des héritiers ; 3°. des héritiers bénéficiaires ; 4o. de ceux qui tiennent lieu d'héritiers, quoiqu'ils ne le soient pas.

## PARAGRAPHE PREMIER.

### *Des moyens d'acquérir l'hérédité.*

Par l'acquisition d'hérédité, nous n'entendons pas ici la manière dont on est appelé à l'hérédité qui provient de la disposition du testateur, ou de celle de la loi, ni le droit qui appartient à l'héritier soit testamentaire, soit légitime, et qui lui est acquis du moment du décès de celui dont il est appelé à recueillir la succession ; mais notre objet est l'acte par lequel l'héritier fait connaître qu'il accepte l'hérédité, ou qu'il se porte héritier. Cet acte s'appelle adition d'hérédité.

### *De l'adition d'hérédité.*

L'adition d'hérédité ne se disait proprement, suivant le droit romain, que de l'acte solemnel par lequel un héritier étranger déclarait, par-devant le magistrat, qu'il se portait héritier ; mais en France elle se prend pour toutes sortes d'actes que fait l'héritier non-seulement étranger, mais même présomptif, par lequel il fait connaître qu'il accepte l'hérédité.

Ainsi, parmi nous, l'adition d'hérédité se fait de deux manières : 1°. par une simple déclaration de volonté, comme lorsque celui qui est habile à succéder prend dans un acte la qualité d'héritier;

2°. En faisant acte d'hérédité, c'est à dire en disposant des biens de la succession, en en payant les dettes, et en poursuivant le recouvrement des créances.

En général, tous les actes que fait un héritier, en cette qualité, l'obligent comme tel, pour peu que ce qu'il fait marque qu'il se regarde comme héritier, et qu'il a intention de l'être.

Ces actes l'obligent, lors même qu'il ferait, en qualité d'héritier, ce qu'il ne devrait pas faire étant héritier. Par exemple : il est obligé s'il reçoit un paiement en qualité d'héritier; quand même ce paiement ne serait pas dû à la succession, ce serait un acte d'héritier, parce que c'est en cette qualité qu'il a reçu le paiement. Il en est de même de celui qui, en qualité d'héritier, s'est mis en possession d'un bien qui ne faisait pas partie de l'hérédité, croyant, par une erreur de fait, qu'il en faisait partie. A plus forte raison, l'héritier est-il obligé en sa quantité s'il prend quelque objet de l'hérédité quand elle est ouverte, s'il jouit de quelque héritage, s'il le donne à ferme, ou s'il en dispose d'une manière quelconque.

Ce que nous venons de dire des actes faits par un héritier en cette qualité, et de l'effet qui en résulte, suppose nécessairement qu'il sait qu'il est héritier, et que la succession est ouverte.

Ainsi, celui qui, étant héritier soit par testament, soit *ab intestat*, aurait géré les affaires d'une personne absente, et qui continuerait de les gérer après son décès, ne sachant pas qu'elle est morte, ne s'engagerait point à l'hérédité; et il ne s'y engagerait pas davantage s'il ignorait qu'il fût héritier après avoir appris la mort de la personne.

## § II.

### *Des droits et des obligations des héritiers.*

L'héritier, en acceptant l'hérédité, soit par l'acte solemnel, que l'on appelle proprement adition d'hérédité, soit par un acte quelconque, acquiert divers droits, et contracte différentes obligations.

### *Des droits des héritiers.*

Le premier droit qu'acquiert l'héritier, en sa qualité de successeur universel, est de recueillir sa succession, de se mettre en possession des biens, de revendiquer ceux qui seraient entre les mains de tierces personnes, d'exiger les dettes, et d'user en maître de tout ce qui compose la succession.

L'effet de ce droit est que, quoiqu'il n'apprenne l'ouverture de la succession que long-tems après qu'elle est échue, ou même que, la sachant ouverte, il diffère de la recueillir, dès qu'il commence de s'immiscer, il en acquiert tous les droits et avantages, comme s'il l'avait recueillie au tems de la mort de celui à qui il sucèède.

Un autre droit qu'acquiert l'héritier par l'adition

ou l'immixtion, c'est celui de transmettre l'hérédité à ses héritiers : c'est à dire que, dès que l'héritier s'est immiscé dans l'hérédité, s'il vient à décéder, il transmet de plein droit ce qu'il a acquis à la personne de ses héritiers, à l'exclusion d'autres qui se trouveraient plus proches du défunt dont il avait hérité. Par exemple : si un héritier s'est immiscé par un acte quelconque dans l'hérédité, et qu'il soit mort avant de la recueillir, ses droits passent, *ipso jure*, à ses héritiers.

En pays coutumier même, il n'est pas nécessaire, pour que la transmission ait lieu, que l'héritier ait fait d'acte d'acceptation : dès qu'il décède sans avoir recueilli la succession, l'hérédité passe de plein droit à ses héritiers, à cause de la maxime *le mort saisit le vif*.

*Des obligations des héritiers.*

L'engagement que l'héritier contracte, en en acceptant la succession a le même effet que s'il avait traité avec le défunt auquel il succède : c'est comme s'il était convenu entre le défunt et l'héritier qu'il aurait, après sa mort, tous les droits et avantages de la succession, à condition qu'il en supporterait toutes les charges.

Les engagemens de l'héritier sont de deux sortes : la première est de ceux qui émanent de la volonté du testateur, telle est la délivrance des legs et des fidéicommis ; la seconde est de ceux qui sont indépendans de la volonté de celui auquel l'héritier succède, tels que l'acquittement des dettes et autres charges de l'hérédité.

Nous avons déjà vu quelles étaient ces charges, et, à l'occasion des legs on a remarqué que l'héritier avait la faculté d'exercer la falcidie, qui, suivant le droit romain, réduit les legs aux trois quarts, après avoir auparavant prélevé les dettes et charges héréditaires dans la proportion de la quotité de chacun des legs.

La quarte falcidie n'avait été établie que relativement aux legs qui pouvaient absorber la totalité de la succession; mais lorsque le défunt n'a point fait de dispositions testamentaires, ou au moins de legs ou fidéicommis, il est également possible que les dettes ou autres charges de l'hérédité en surpassent les forces, de manière que, loin d'être avantageuse à l'héritier, elle lui devienne onéreuse. C'est ce qui avait donné lieu au droit de délibérer que les anciennes lois romaines accordaient à l'héritier; mais comme il arrivait que l'héritier, après avoir long-tems délibéré s'il accepterait ou refuserait la succession, était souvent trompé par le grand nombre de créanciers qui ne se présentaient qu'après qu'il avait accepté, en sorte qu'une succession, qui lui paraissait lucrative avant son acceptation, se trouvait être onéreuse, ce qui détournait plusieurs héritiers d'accepter des successions qui, par l'évènement, était avantageuses, on a jugé que le droit de délibérer était insuffisant : en conséquence, Justitien a établi le bénéfice d'inventaire.

## § III.

### *Des héritiers bénéficiaires.*

Le bénéfice d'inventaire consiste en ce que tout héritier, soit testamentaire, soit légitime, peut, avant de s'engager dans l'hérédité, demander qu'il soit fait un inventaire des biens et des titres et papiers de l'hérédité, et faire sa déclaration qu'il se rend héritier par bénéfice d'inventaire.

L'effet de cet inventaire est qu'il ne soit tenu des dettes et des charges de l'hérédité qu'autant que les biens qui la composent pourront y suffire, sans que ses biens y soient engagés, en sorte qu'il n'y ait point de confusion entre ses biens et ceux de la succession.

Le droit français a adopté l'usage du bénéfice d'inventaire tant en pays de droit écrit qu'en pays coutumier; avec cette différence qu'en pays coutumier, l'héritier qui veut en jouir doit obtenir des lettres de bénéfice d'inventaire, qui n'étaient pas nécessaires en pays de droit écrit. Cependant, l'édit de décembre 1703, et la déclaration du 20 mars 1708, ont étendu la nécessité de cette impétration aux pays de droit écrit.

Ces lettres doivent être entérinées en justice, et l'inventaire ne peut être fait en particulier, mais par un officier public, et dans les formes que les lois et les usages ont établies.

Par notre usage, l'inventaire doit être fait par autorité de justice après que le scellé a été mis sur les papiers et autres effets de l'hérédité.

On doit comprendre dans cet inventaire tout ce qui peut se trouver dans les biens de l'hérédité mis sous le scellé, ou déclarés par les personnes qui peuvent en avoir connaissance. L'héritier doit aussi faire connaître ce qu'il peut en savoir, et jurer qu'il ne retient ni ne recèle aucun des effets de l'hérédité.

L'usage, en pays coutumier est plus sévère à cet égard qu'en pays de droit écrit. En pays coutumier, s'il est justifié que l'héritier ait soustrait et recélé quelques effets de la succession, il est réputé héritier pur et simple, et comme tel déchu de tous les avantages du bénéfice d'inventaire, ce qui n'a pas lieu en pays de droit écrit.

Il n'y a que les héritiers légitimes ou testamentaires, dans les pays où l'institution d'héritier a lieu, qui puissent se servir du bénéfice d'inventaire. Les autres successeurs, tels que les légataires universels, n'en ont pas besoin, parce qu'ils ne représentent pas la personne du défunt; qu'il ne peut pas y avoir de confusion entre les biens du légataire universel et de la succession, et qu'ainsi il n'est pas tenu des dettes de la succession au-delà de ses forces.

*De ceux qui tiennent lieu d'héritiers, quoiqu'ils ne le soient pas.*

Ceux qui tiennent lieu d'héritiers, quoiqu'ils ne le soient pas, sont, 1°. les légataires universels; 2°. les donataires universels; 3°. les acquéreurs d'une hérédité qui leur a été vendue; 4°. les curateurs aux successions vacantes.

Nous ne comprenons pas dans le nombre de ces successeurs, qui tiennent lieu d'héritiers, ceux qu'on appelait, dans le droit romain, héritiers fiduciaires, parce qu'ils ne jouissent pas des mêmes droits que les autres, et que non-seulement ils ne sont pas héritiers, mais même qu'ils ne deviennent point propriétaires des biens de la succession, et qu'ils n'en sont, à proprement parler, que dépositaires.

Un héritier fiduciaire est celui à qui l'héritage est confié pour le remettre à un autre. Par exemple : lorsqu'un père a des enfans mineurs, et qu'il craint que le tuteur, qu'il leur désigne pour administrer leurs personnes et leurs biens, ne refuse la tutelle, (si toutefois il avait des excuses légitimes) il nomme cette personne héritière, à la charge de rendre sa succession à ses enfans lorsqu'ils auront atteint l'âge de majorité.

Cet héritier ne peut être comparé ni à ceux qui en tiennent la place sans l'être, ni à l'héritier chargé d'un fidéicommis universel, puisque, d'une part, il ne peut pas faire les fruits siens, et qu'il doit les rendre avec les autres biens de la succession, et que, de l'autre, il ne peut retenir aucune quarte, ni la falcidie, parce qu'il n'est pas héritier, ni la trébellianique, qui n'appartient qu'à l'héritier grevé de fidéicommis.

Les légataires universels en pays coutumier ne sont point héritiers, puisqu'ils ne représentent pas la personne du défunt, qu'ils ne sont pas saisis de plein droit de l'hérédité, et que la délivrance doit leur en être faite par l'héritier légitime : cependant, aussitôt qu'ils sont saisis du legs universel, ils sont au lieu et place de l'héritier, et peuvent exercer tous les droits et actions d'hérédité ; de même que l'on peut exiger d'eux toutes les charges, et leur intenter toutes les actions qui la concernent.

Il en est de même des donataires universels par dispositions entre vifs, de tous les biens présens et à venir du donateur, qui, les ayant tous après sa mort, sont tenus de toutes les charges par l'effet de leur titre ; mais ils ne sont point héritiers, puisque les biens que le donataire possédait au tems de la donation leur étaient déjà acquis irrévocablement, au lieu que l'héritier ne peut acquérir les biens de la succession qu'après la mort de celui auquel il succède.

Celui à qui l'héritier a vendu l'hérédité tient aussi sa place, parce qu'ayant acquis les droits de l'héritier, et ayant tous les biens, il est tenu de toutes les charges, comme l'aurait été l'héritier.

A l'égard des curateurs aux successions vacantes ou abandonnées, ils ne représentent les héritiers que dans le sens qu'ils exercent les actions héréditaires, et en acquittent les charges, et que ceux qui ont des droits sur l'hérédité agissent contre eux.

FIN DU SIXIÈME CAHIER.

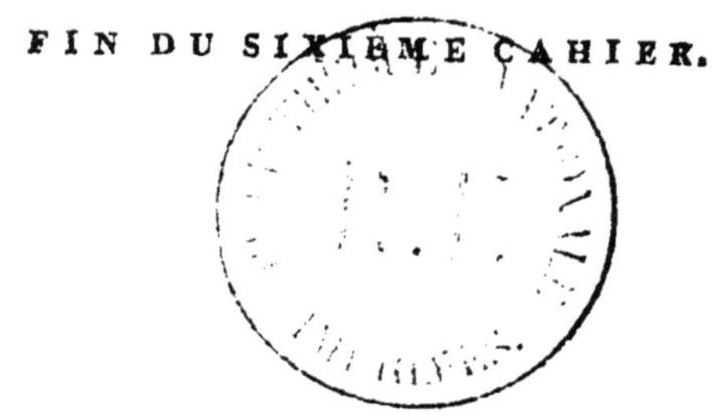

# TABLE DES MATIÈRES.

Pages



FIN DE LA TABLE.

www.ingramcontent.com/pod-product-compliance
Ingram Content Group UK Ltd.
Pitfield, Milton Keynes, MK11 3LW, UK
UKHW020247180726
13839UKWH00001B/234